LYRIK *EWART REDER*

Ewart Reder, *1957 in Berlin, lebt in Maintal bei Frankfurt. Seit 1998 erscheinen literarische Texte von ihm in Zeitungen, Zeitschriften, Anthologien, Literaturwebseiten, im Rundfunk und in Buchform. Martin Lüdke kommentiert: „Ewart Reder hat sich spät, dafür aber umso eindrucksvoller in unsere gegenwärtige Literatur eingeschrieben." Freie Mitarbeit für die Zeitschrift *Der Literat* (1999 bis 2008), *Kritisches Lexikon der Gegenwartsliteratur, neues deutschland*, zahlreiche Beiträge für die *Frankfurter Rundschau, Frankfurter Allgemeine Zeitung* u.a. Mitbegründer und Redakteur der Literatursendung *WortWellen* bei Radio X, Ffm (seit 2001). Letzte Buchveröffentlichung: *Reise zum Anfang der Erde*. Roman, Ffm 2016. Zahlreiche Auszeichnungen. Mitglied des VS.

Es sind nicht diese Geschöpfe hier, die ich begehre, denn ich begehre alles, und diese hier sind wie ein Zeichen ekstatischer Begegnung.

Czesław Miłosz

Die Naht zwischen den Zeiten

Wie ich es mache

Wenn es schwer wäre würde ich es nicht machen nicht
weil es schwer wäre sondern weil es das Schwesterspiel
des Atmens nicht wäre dem muss es naturgemäß ähneln
das Kind das es konnte war ungeübt
im Fremdsein unfertig das Rohe muss zurück kommen
vom Hauklotz die Ohnmacht von der Nacht. Lernen
der Könner vom Unbeholfenen nichtstun
als dasein wo vielleicht ein Gelingen sich paart
mit Unaufmerksamkeit.
Als das Kind den Schnee fallen sah hielt es den Kopf
bloß hin wozu hätte es schneidig oder scheel
gucken sollen? religiös nach oben bös zu Boden?
Alles geschah vor den Augen sie hatten am wachen
Kopf Platz und geöffnet. Erst
der nette Junge den ich spielte musste
einen Mundwinkel hoch ziehen den anderen brauchte es nicht
das Zeichen wurde geglaubt. Es verstopfte mit den Jahren
das Nasenloch auf der tätigen Seite da fehlte die Luft
bald dem Gehirn für die auf der Seite hauptgetanen Sachen
für Anteile Mensch die gewachsen wären
stattdessen wuchsen ein Charakter Begabung
Unglück der Heranwachsende vergaß wer er war vor
dem Können und es von da an Vortäuschen. Das haben aber
meine Freunde und Liebhaberinnen gemerkt mich
liebhaben machen was nachlässig und weich macht
die Liebe und alle möglichen Menschen und
so konnte ich es endlich doch noch anfangen zu machen.

In den Kopf mit Brandenburg!

Ich bin unter Birken gezeugt unter Eschen geschlagen worden
habe Kiefern zu meinen ersten zwanzig Geburtstagen
eingeladen.
Auch habe ich Eichen die Pulsadern aufgeschnitten
(längs damits länger leckt) Cannabis in ihr Harz gebröselt
Opium mitunter. Das hat die Bäume die Reiherschwärme
wüstenweit
ansaugen lassen Turbinen vor einem Himmel aus NABI-
Palettengrind
und Hurenschminke. Zusammen gestoßen Sternstreu
reingerührt
knospende Bankierstöchter in Tüllkleidern schlafwandeln
machen vor Nilkrokodilaugen aus dem Grunewaldsee
ein Märchen
aus Sand ist meine Heimat Nüchternwerden ein Glück
das nur der Rausch gewährt das wieder Kind Sein
so leichte Last tragen dass alles um das Kind
so nah ist wie das Hemd das darum nicht
getragen wird. Urgesetze und Großmut tätowieren Stillleben
des Waldes auf alle die ihn essen seine Eide sprechen. Rinde
bleibt bis in abgemagerte Frosttage frisch mauert
vom Baum in den Bauch gewechselt ihn ein
lässt an dem Esser Kriege Völkermorde vorüber ziehen
auf Wanderungen durch das Mark des Skelettierungszeugen.
Unterm Dach schlagen die Slawen die wir erschlagen haben
unsere Augen auf blättern in Birkenfotoalben sprechen alles
mit unseren Zungen kyrillisch aus bis das Altkirchenslawische

ein deutsches Kleid treibt aus Versöhnungsblättern Hellwege
kreuzen Dunkelwege wie in unseren Backsteinkathedralen.
Ich sitze an fremden Ufern zufrieden mit dem Heimatland
das im Kopf mit mir spielt. (Und nicht schon wieder Krieg.)

Bühnenanweisung für mein Verschwinden

Was will er denn Flugzeuge lassen ihn schon mal raus unten
eine Runde drehen auf grünem Zifferblatt vergessen die
Abertonnen
präzisionsverarbeiteten Stahl Elektronik die mit ihm redet
verdammt. Er träumt
wann wir sagen ist denn das so schwer stillsitzen das Leben fliegt
nicht zum Spaß Anschnallmöglichkeit Sitzruheposition alles
da für ihn er muss
nur mitmachen und zwischendurch läuft er da unten. Auf
Freiflächen zwischen
den Rollfeldern setzt er Schritte Einzelaxiome muss nichts
beweisen frische Windel
gibts ohne Bedarfsprüfung. Die Arbeit lässt fünfe sieben
sein ab und zu
ein Wochenende muss unter uns bleiben Rasenflächen barfuß
überqueren
im Sonnenschein solange die Gedanken bei den Schuhen
im Schließfach bleiben
gekühlt schmeckst du uns. Dein Sonnengedachtes enthielte
Hautfehler
körperliches Unrecht. Komm in den Schatten dahin kommt
das Lichtlein.
Es geht ums Prinzip wenn du das anerkennst sind Ausnahmen
nützlich wie
Ausländer für Länder wenn die das Erstunterscheidende sind
zwischenmenschlich.
Den Montag verstehen wollen hieße verlangen die Bank soll
sich selbst überfallen. Angst haben vor der Arbeit genügt

dann ist die Freizeit ein feuchter Traum bist du am Morgen
das Laken
in der Maschine des Hellentags mit
Vierundzwanzigstundenprogramm.

Dann lebt halt ihr Verrecker Entschuldigung.
Noch mal von vorn.
Genieße er den Moment solange immer noch einer kommt
und immer
noch Hunger da ist nach allem was da schon war und wieder
da. Und da und da und immer nur wieder da und weg. Da
und weg.
Aber bitte. Ein nackter Arm der seinen Arm streift gedankenlos
weil das Mädchen das Denken satt hat und gar an einen Arm
an ihrem
Körper der sie mit Geschlechtsorganen traktiert in dem es singt
wie im Fieber heiß ist wie in einem Topf dessen Inhalt sie
nicht gesehen hat als die Mutter den Topf aufs Feuer stellte
(die Mutter und das Feuer warten ab bis zum Abend eiskalt)
sodass sie sich eine Herdplatte näher gestellt hat zu ihm
ihr Deckel seine Hand fragt ob sie ihn öffnen will
sie in ihm fühlt was das sein kann fragt der Topf das in ihm
brennt wie ausgelöste Schmerzen eines gekochten Tiers.
Das soll er haben bis zum Abend sagt der Tag zieht das Heute
glatt wie eine übersehene Falte am Erzählsteiß.
Das gibt sich. Da stehen noch ganz andere Töpfe auf
Gräberfeldern
bis zum Horizont das Feuer und die Mutter warten unterirdisch
auf das Ende der Wache. Die Naht zwischen den Zeiten reißt.

Erbauung der Mutter

für Kornelia

Mit dem Bauch war es ja nicht getan eine Welt
musste noch geboren werden für unsere ersten Schritte
zum Anstoßen für die Köpfe Wände aus Namen
tragen die unsere Geschichte trugen das Dach
mit doppeltem Boden bewohnt bei Hochwasser.
Alles aus einem Körper der kaum in seine Knochen
genügend Kalk zu tragen die Zeit keine Jugend gehabt
hatte aus einem Kümmern wo selbst auch verkümmert
war was austragen tragen sollte versorgen. Fürsorge
sprach den Rollentext in Familienszenen sodass fremd
klang was andere Szenen an Rollen mit ihr besetzten
da vergaß sie uns. Wir warteten in ihrer Stimme
intrauterine Lauscher an benachbarten Organwänden
dem Schallreflektorium des warmen Alt. Blickten
uns an wenn die flügellose Tür ging Sopranschlüssel
irgendwo hinknallten sie wieder zu Hause war in dem
was sie mit uns redete. Die Sekrete ihrer Mutterschaft
flossen wieder zusammen mit dem Tagesangebot der Dinge
klebten die Vereinzelung die abgerissenen Glieder
der Sinnpuppe. Immer baute sie deren Stube Zimmer
Anbauten in unser Leben bis in unseren Schlaf unter
Teppiche des Vergessens: dass wir in ihr gewohnt hatten
die sich ein zweites Mal bauen musste für uns Vertriebene.

Muttermein

Als ich sie ansah flüchtig von der Seite
war da ein Freuen das von mir herkam.
Sie fühlte das woran sie Anteil nahm:
Es geht ihm heute gut. So bleibt es heute.

Der Kopf leicht vorgeneigt. Wildfremde Leute
vertrauten diesem Blick und wurden zahm.
In ihrer Nähe gab es keine Scham
so nah die manchmal lag. Scham sucht das Weite.

Was viele niemals werden: Sie war glücklich.
Ich kenn ihr Glück denn ich hab es gemacht
und hab ihr bald das Gegenteil gebracht

in jungen Jahren lang und unerquicklich
da fand mein Seitenblick sie hoffnungslos.
Heut ist ihr Glück mein Haus. Stabil. Und groß.

Fleur Élysée

Himmlisch sind die Kornfelder. Sie werden vollständig.
Im Fußballbilderalbum fehlten bis zuletzt zwei.
Etwas können hieß immer noch dessen Anspruch verfehlen.
Geschichte Zeit – ihr Fluch heißt Unabschließbarkeit.
Aber die Marmeladenbrötchenhälfte war fertig wenn
meine Mutter sie sich vor Augen hielt und faustisch
„himmlisch" nannte. Im Vorgefühl des höchsten
Augenblicks war der Genuss gültig. Da war nichts
nachzuschmieren gar noch draufzulegen kein ‚besseres'
Brötchen denkbar. Glück hatte sich ereignet.
Ein Wiesenblumenstrauß stimmte aufs Korn. Die Stunde
seiner Zusammensuche stand unvergänglich im Wasser.
Was verwelkte verriet Menetekels Teekesselchen:
Gewogen und zu leicht für die Vanitasschwermut.
Picknicke hatten vielleicht ein Vertriebenenmomentum:
Das Himmelshaus kann nicht ausgebombt werden.
Vor allem komplettierten sie aber Landschaften
um den Schlüssel zu ihrer Natürlichkeit. Menschen
konnten vielleicht ihre eigene Hemisphäre nicht
erklären. Ins Bild eines Gartens gehörten sie.
Garten für meine Mutter heißt: All. Geschuldet fremder
Initiative bestellt vom eigenen Mittun
und -wissen. Wachsen heißt Dasein und Zeithaben.
Gartenarbeit ist Gott lieben körperlich. Gespräche
sind Gärten des Zusammenwachsens. Die Wörter geben
den Dingen Wurzeln zum Frieden. Erlebnisse
suchen ihre Menschen dafür aus dass alles
vorkommen darf aus dem Hinterhalt des Vergessens.

Am Ende wird die Geschichte erzählt sein
ohne dass ein Wort übrig bleibt. Die table ronde
besetzen bis zum letzten Stühlchen die Stillen.

Temperierte Elegie

Sommerhitze: Hagebutten. Schwitzende Hagebutten füllen
den Himmel mit Inhalt. Duft zieht ihn in den Dreck.
Die Welt wird so dass Besucher von ihr
nicht mehr abreisen. Morgen leben wir vielleicht schon
                                        im Märchen.
Unsere Haut lässt an den Alten die Armbänder stillstehen
ihre Nüstern vermuten den Aufschub der Benachrichtigung.
Jeden Tag tragen wir blaue Fußballtrikots ihre Neuheit
verfliegt nie weil die Hitze Aromaschleusen öffnet
Glück ist ein Industriepigment. Giftig liebt es uns.
Gellend weiße Hosen: ein Hörensagen der Sonne.
Ihre Siege kannst du sehen: Beuteluft Trugwasser
Staub malt dir Krieg wenn du willst
und wie oft wollten wir. Traten scharrten schlidderten
unsere Sohlen auf Sand oder Schotter im Gewölk
maßstabverkleinerter Explosionsrückstände. Schauder
lohnt Schauen. Vorgestellt wurde das
Erhabene mit Ernst. O Menschenkinder die Angst
in euch bereitet Außenlust. Das Festmahl Verwechslung.
Ich spielte auch Jesus. Grenzenlos lieben konnte ich
mich da. Durfte es nicht tat aber so
als hätte ich meine Lektion gelernt und das
wäre eine Belohnung von der niemand wüsste
auch Gott nicht. Endlich stimmte die Temperatur
mit dem Evangelium überein kühlte der Schatten
als Gleichnis der Fürsorge Gottes und nicht der Kellerassel.
Die Wüsten wuchsen zusammen die Welt wie gesagt
konnte am nächsten Tag von Karl May sein oder besser.

Die Nadelbäume und Koniferen pressten sich ab
was jeder als Paradies auf Erden anerkannte der eine Nase
hatte oder den Süden bereist ergo: jedes Kind und jeder
vertrauenswürdige Erwachsene. Auch deren Unterscheidung
von den Priestern der Assel war jetzt ein Kinderspiel.

Fabernakel. Castellblicke

Die glänzende Schiene von Gleichzähnen runter
ziehen musste man den Anhänger der immer selbst
die zwei Zahnreihen voneinander zu lösen schien. Erst
wenn er abriss sah man die Breitlaus. Beidseitig
liefen Zahnbänder durch sie – - sie so die Bahn.
Mehr war nicht. Glatt zog sie sich auf: die blanke
Verbindung der Mappenflügel die erst aufklappten
wenn der letzte Zahn geschluckt war am Stopper.
Dann hatte das Ding in der Hand sich gedreht
wie im Zirkus. Oben wo er nie gewesen war
schien der Reißverschluss aufgegangen zu sein
lag das geöffnete Mäppchen doch jetzt unten:
auf der Hand. Die trug das Besteck zum Zeichenmahl
auf einem Tablett – - das eben noch Schrein gewesen war
verborgen hatte was zeichnen = zeigen konnte.
Wandlungen waren das. Eine Liturgie. Schülergeheimlehre
Bann gegen das den Lehrern gehörende Weltgeheimnis
der Steintage den Einschluss vor der Wahrheitswand.
Die Tür: Loch in der Verräterwand. Hinten Polizei.
Die Fenster: Verbotswand. Gezimmerte Zahlen durch vier.
Raus kommst du nur wenn der Schrein sich öffnet
getarnt als Werkzeug Wissen zu dir spricht: Jedes Ding
hat seinen Platz flüstert die Stretchband-Schlaufe. Verstanden
drückst du in den Stift der zurückkehrt in sie. Ungeduldig
zwischen den anderen abwartet: dass du ihn wieder wählst
machen lässt was sonst keiner kann. Im Heft denkt
der Lehrer: Zahlen und Figuren. Farben weißt du
weil du sie besitzt die heilige Schrift der Augen

niedergeschlagen zum bösesten Blick des Stolzen:
Hier ruht meine Religion. Zehn Artikel hat
mein Bekenntnis und Opfergeräte Spitzer Zweihärtengummi
Lineal. Nächstes Schuljahr werden es zwanzig sein.
Wieder wird ein Tag aus dem gemauerten Zählwerk brechen
den eigenen vollständigen Sinn haben Einweihungstag
des Schreins. Von fliegenden Händen geöffnet liegt vor mir
die nächste Farbenwelt. Flach wie alle bedeutenden Welten.

Arglos angstlos

Der Großvater bleibt nie in seiner coaching zone
als Randfigur. Dass etwas eine Mitte haben kann
behauptet er auf dem Spielfeld der Familie bringt
ihre Fotoalben durcheinander als ein vorlautes Buch.
Der Weg zwischen Sommerhecken wird durch ihn
zu einem so wertvollen Bild als hätten wir uns verlaufen.
Leibesfülle kannten wir nicht hastig räumen wir Möbel
aus dem Weg auf dem ein neuer Inhalt bei uns einzieht.
Zur Kirche kommt der Großvater mit wie die Sonne
in den Keller sie zählt unsere Äpfel: Dies ist mein Leib.
Spinnen sind da sonst die einzigen die was können
das eine Kindheit braucht: die Belichtung die Winkel.
Wenn die Sonne aufgeht müssen wir einen Ausflug machen
das zu lernen beschämt die Familie wir dachten mit
dem Sonnenwagen reisten ganz andere wir blieben liegen
wie Kugeln Wegelagerer ohne Überfallsplan auf die Götter
bis der Großvater uns in das Sonnensystem wiedereingliederte.
Endlich lebten wir an Orten wo Gedanken sich auskannten
in den Geschichten des Großvaters von Segelbooten aus
erzählt und erreicht Landgängen in das Märchen Zufriedenheit
mit sich selbst. Auch die Schuld hat da eine Rolle
Einsätze die sie so wenig verpassen darf wie ihre Kollegen
aber sie ist nicht wie unsere Schuld immer Winnetou. Über
dem Großvater gibt es noch einen freundlichen Versteckspieler
von Licht der Sterne über den Sommerhimmel streut und mit
den Menschen zusammen seinen Namen murmelt.

Staatstod

Dass Adenauer gelebt hatte erfuhr ich erst
als er starb. Als mich der Basiliskenblick traf hatten
die Lider schon geschlossen. Die Sargdeckelverschlussbeschläge.
Da drin lag er angeblich der Mann der tot aussah
auf allen Bildern die ihn angeblich lebend zeigten. Der Sarg
wurde den ganzen Tag im Fernsehen übertragen der Fernseher
stand den ganzen Schultag aufgebahrt mahnte von einem Altar
den ich mir vor Aufregung nicht gemerkt habe in unserer
Schule.
Der Unterricht fiel aus. Der Tag war heilig Wunder
braucht es keine
die Religionen lassen bloß nie die Schule ausfallen. Würde
die Schule
ab heute für immer ausfallen würden wir am Fernseher am Grab
weiterleben. Kämen nachts die Mäuse und grüben nach
Adenauer
würden wir weinen. (Nee kichern.) Käme tagsüber das Volk
und würde
sich nach Adenauer zurücksehnen würden wir gucken
ob wir jemanden
kannten oder ob eine Frau einen Busen hatte den man sich
nackt
vorstellen konnte (und wollte). Alles was im Fernsehen war
durfte
man so lange anstarren wie man wollte. Der Sarg und
die Soldaten
vor und hinter dem Sarg bewegten sich unendlich langsam
dadurch konnte man sich alles was am Weg stand oder lag

mit letzter Genauigkeit angucken und das war zum ersten Mal
erlaubt.
Vergangene Sommerferien war ich am Rhein gewesen
und mein Onkel
hatte mir auf einem Ausflug ins Siebengebirge Rhöndorf
gezeigt.
Es war so heiß gewesen wie ich es noch nie erlebt hatte
und mein Onkel
warnte mich dass es überall Schlangen gäbe die meisten
wimmelten auf der Insel Nonnenwerth. Daran fuhr
das Schnellboot Kondor
mit dem Adenauersarg so langsam vorbei dass ich genau
sehen konnte:
Da waren keine Schlangen. Ich glaubte es nicht. Da sah es aus
wie überall
in Deutschland. Adenauer ist der wichtigste Politiker
in meinem Leben.

Eisenbahnergrün

Hier wächst der Efeu der billig ist bildet
Gebirge aus Gartenhäusern. Monochromes Mosaik
Pailletten der Vergessenheit einer natursüchtigen Stadt.
Im Koloniegarten einer Tochter erfahre ich die Geschichte
einer blattgrünen Discokugel „das war unser Kirschbaum"
trächtig mit langen Wintern voll Süßkirschmarmelade bis ihn
der Efeu holte. Als man nicht mehr sehen konnte wo
zurückschneiden kam der Tod. Vor und zurück.
Auf dem Bahngleis über dem Garten verlor der Vater
des verstorbenen Gartenpächters sein Leben es war
ein Rangierunfall. Der gleichzeitige Weltkrieg ist unschuldig.
An dem Tag sollte Großvater „seine Maschine" kriegen (er war
Lokführer) es blieb beim Geführthaben „fremder" Loks durch
die Kaiserzeit. Dem Sohn verpachtete der Tod einen Garten.
Lange Feiertage lang ließ der Arbeitslose Atemzüge
fahren in die Welt halli hallo. Sie baute ihm keinen Bahnhof.

Rheinbegradigung

Rosen aus dem erzbischöflichen Schlosspark
pflanze ich in den Fahrradkorb bringe
Segen den Toten des Winkeler Kirchhofs grabe
vom Günderrode-Grab eine Lyrikhotline
zu den unsterblich Irren. Franz Josef Jung (CDU)
begnadige ich trotz der afghanischen Tanklastertoten zum
Hängen am Oestricher Weinkran an den Schweinshaxen.
Die romanische Basilika baue ich der geldgierigen
Gräfin in den Brentanohaus-Garten zünde ein Fass an
für den Rosenkranz-Romanzero singe falsetto das Electric
Ladyland statt des Bandiera Rossa La Trionferà.
Heine hole ich vom Felsen für ein Kaddisch am
Niederwalddenkmal: zwei Anarchisten die
für eine Ladung Dynamit am Siegersteinsockel
die nass wurde an Deutschlands Fluss nicht
Deutschlands Grenze aufgehängt wurden zum Trocknen
Harry lass das Mädel kämmen die nasse
Blondmähne (Akku-Fön gibts noch keinen) Schiffer
und Kahn zum Grund fahrende Herzen brauchen
keine Privatgründe. Kähne gehen
auch kaum mehr welche auf Fahrt wir sehen:
die Krise hier zu Land ankommen. Den Abend trinken
wir ein bei Kaspar Herke mit Elfer wie Goethe
Kein schöner Land singen
unsere Gläser beim Küssen.

Abwesenheitsnotiz

Ich warte auf keine Postkarte so schnell
dreht der Wind nicht in meiner Wüste.
Die Stadt versteht mich da treffen sich Leute
um zu vergessen dass sie einer mehr waren (ich).
Auch Grünpflanzen wahren den Takt. Pro fauna
bieten sie mir ihr Bett an wollen keine Planeten
im All rum erzählen lassen die Erde beherberge
Einwegpassagiere neuerdings nicht mehr gratis.
Der Kaffee vertritt meine entschuldigt fehlende
Weltanschauung: Er stimmt. Von den wie immer
verhinderten Sklavenkindern richtet er Grüße auf Jula
aus einer Tonsprache in die vor zwei Jahren
das letzte Wort der Bibel übersetzt wurde („alle"):
Auf ihren Backen sei Horst Köhlers Spucke
inzwischen getrocknet Afrikas Kindergesichter habe er
ausgelesen bevor in Bellevue das Nachttischlicht losch.
Auf Bibel reimt sich Niebel. Nee
antworten die Schokoladentoten der verabredete
Backenvergleich sei vom Minister aus Termingründen
„und der Müller ist sauer dass wir uns nicht
richtig zusammenaddiert kriegen dafür brauchen
wir Jahre Schulbücher Taschenrechner Lithium
Akkus Fufu Yams Friedhöfe Sterberegister
haben aber nur Gedächtnisse." Damit lassen sich
immerhin Wüsten in Europa anlegen zum Vergessen
von Ministern Zusammenhängen und Menschen.

27

Fluten

Regen bettelt an den Fenstern
um Blicke feuchten Genuss
des Falls. Abgelenkt
durch die Abendnachrichten trocknen meine
Augen an übermittelnden Drähten des Bildstroms.
Denken in bunten Farben von Lichtpunkten
über theoretische Gefahren von Blitzen
für elektronische Geräte nach hassen
die Natur begehren Ferne Unaufhörlichkeit
des Gefilmten. Die Toten der Überschwemmung
drücken die Farbtasten ihrer voll
gelaufenen Fernbedienungen
verschweigen interaktiv den Regenbogen
über meinem Haus.

Was machen eigentlich wir?

Terrortote fluten das Interesse Ruhm der Poptoten verebbt
der Tod zappt durch den Tag. Heute mehr Angst oder mehr
Art-zu-leben-Kanonisierung? CSU oder CDU?
Keiner weiß was die Stimmen die fehlen mit ihrem Klang
nach unstillbarem Durst nach Freiheit sich selbst zu bestimmen
was die statt der öffentlichen Sache von der unsere Tage
                                      schweigen
heute zu irgendwem privat vielleicht sagen Alltägliches
mit Freundlichkeit oder mit täuschendem Gleichmut
                              für ungebraucht
unterwegs verlorenen Mut. Trotzdem hören das zwei oder drei
mit dem Effekt dass sie sich noch nicht aufgeben
                             wegen der Stimme
der Selbstbestimmung die solange sie einen Körper hat immer
                                    hält.
Vielleicht ist das mit dem Körper auch schwierig geworden
                                über den
selbst nicht zu bestimmen ist der soll nun dieser Stimme Halt
geben diese Festigkeit die nichts Gewolltes hat nichts aus
Unsicherheit und Angeberei Zusammengesetztes
                              wie das Geschrei
das anzuhören unser Alltag geworden ist. Der Talkdrüsentalg.
Der rein stolpernde Mob toppt die ihn raus drängelnde
                              Staatsmacht.
Gezeiten sind an einem Meer das Zuverlässige sogar
                                 unterhaltsam
wären sie hätte man den Vorschwapp nur immer zuverlässig
vergessen beim Zurückschwapp. So ist das Ganze

nur ein Spiel mit unserem Leben das wir nicht leben
wollen sonst würden wir unsere Stimme erheben nur eben
bis zur Hörbarkeit. Würden zuständig miteinander
sprechen zwanglos. Mit dem verlorenen Mut der Vormünder.

Mudspray

Für Miriam Spies

Europas Witwe hebt den Blazer nichts atmet
ein Kunststück ist es aber auch nicht sie zeigt
sich und was zeigt sich. Nun Hüllen des weicheren Fleißes.
Wir falten Flüchtlinge kleben Windrädchen auf schicken
es hungernden Kindern mit Bundesmarinefregatten in einer
Weihnachtszeit die stehenbleibt satte Kinder basteln was
das Mutterzeug hält und Schrankzüge voll
Blazer reißen nicht in sich zerschlagenden Fahrplänen
auf Regionalbahnsteigen. („Zugig" denkt
die Anschauung.) Eierwürfe bleiben begrenzt
auf WG-Küchen von Kacheln läuft die Zeit glatter
Wendemanöver in Garagen misslingen kühner
in SUV Allradmodellen. Wegschwimmenden Dächern
ist Folge zu leisten. Wer vom alternden
Hund überholt wird ist alt und Moral
stellt niemand vor dem Nichtsmehrtun fest an sich.
Alle sind jetzt Eremiten mit dem Strom fühlt
keiner mehr nur die Kleider feiern noch und ja
man sitzt drin aber die Gedanken bleiben standhaft
bei den Rauschelinden im hygienischeren Outdoor.

Wie wird mein Scheitern sich anfühlen?

Geld kauft mir den Rücken frei den Winkel
wo Hässliches meine Augen nicht fürchten muss.
Kommt was von vorn bellt Natur. „Mensch"
ist einer meiner Selektoren für „delete all".
Ich weiß nicht was alle gegen Flüchtlinge haben
da wo es Spaß macht treffe ich nie einen.
Investieren in den guten Eindruck anderer
ist eine Bank haben in dem Land
das die verlorene Tiefe meiner Fragen
als Exil ausgesucht hat für meine Blicke
in junge Tage und Frauenaugen. Filialen
mit klimatisierten Sitzgruppen genügen
als Wahrheiten in denen mir couvertiertes Licht
vom Direktor auf Knien ausgehändigt wird.
Die Straße gehört mir vielleicht nur halb
die ich hinunter schlendere aber ich werde ihre zwei
Gehsteige auch nie gleichzeitig benötigen. Alle Fehler
haben andere gemacht nun werft mir noch
meine Perfektion vor. Und könnt nie schnell genug
sein was ich sonst auch mal wäre: Verlierer.
Seht: Alles was ich bin und habe
gebe ich dem der die lebenslange Leine
kappt die ihr nie seht.

An der mich ein Fünfzehnjähriger führen darf nur
weil er mal ich war. Der das Leben für ein Fragespiel
hielt und Angst hatte vor der Antwort in einer Sprache
die ich rastlos und restlos verlernt habe. Richtig
ihr findet die Antwort. Was euch fehlt ist die Spur
zurück in die zitternde Hand des Fragestellers.

Gegen Integration

Die Atemwende in mir und
die Atemwende hinter dem Horizont
der Luft die ich bin
sind benachbarter als ich
und die Weltpolizei der Körper.
Der Feldweg den ich anschreie weil er
mir die Angst meines Sohns nicht sagt
weiß alles über ihn ist der Abdruck seiner
Flucht aus der Körper beherrschenden Optik
ins Dateninnere. Ins Gedankenweiß.
Ich habe Kummer und Menschen dazu
eine Handvoll Universum das macht
mich zum Mongolen die Eigentumsjurte dämmert
draußen meine Zukunft hat Gold in der Mähne
mich und mein Kind auf dem Buckel der Nacht.
Schwarzer Stern der Anarchie du stehst
über dem einzigen Zelt das wir als Wanderer
mitbewohnen. Warten auf das Klingeln
der Asche auf dem Messingteller. Die Ränder
bleiben. Die Mitten lösen sich auf
in Rauch. In uns.

Einiges wird bereits vermisst

Knospende Perlen gibt es auch nicht
Standuhren die in dritter Generation
einen kleinen Laden führen für Lebendiges.
Diener haben Jahrhunderte gebraucht
um nur die Fußgelenke ihrer Herren heilend
zu berühren Umkehr ist dazu nötig Ruhe
ein Drache der im Wald seine Abwesenheit
gefressen hat die ein verbotenes Kraut war.
(Aber Verbote finden im Wald keine Nahrung.)
Die Zeitung hebt und senkt sich hat
aber nicht den Puls von dem sie schreibt
Länder bereiten sich vor auf den Dienst als Riffe
unter der Herrschaft ehemals niederer Elemente
geruhsames Heben und Senken gilt als Formel
wie Kontinente und Ozeane einander näher kommen
was das Schilfrohr nicht glauben wollte heute fressen
Schafe im ehemaligen Sumpf grüne Zeilen der zu kurz
gesprochenen Warnung vor dem Weideglück aller.
Gäbe ein Regenschirm Schutz vor dem Eintritt
des Regenfalls wäre die Welt verloren
wie wenn Karos und Streifen nichts mehr vereinfachen
würden und Fasane so fett dass ihre Füße
brechen und die Federn im Trocknen wurzeln weil
die Erde ihre Wachstumstricks vertauscht hätte.

Blaublöd

Ganz blöd und blau
grüßt der Moment
der stehen bleibt
weil ich ihn lasse

wie ein Berg
aus gesammelter Kleinheit

wie meine Beine
die angewinkelt stehen
auf meinen Füßen
die mir ungewöhnlich nah sind
wie ein Bild
auf dem ich etwas genauer erkennen wollte
und von Nahem nur die Freude finde nichts
außer dem Bild mehr zu sehen.

In der Ferne fällt ein Meteorit
in ein anderes Universum
wahrscheinlich zerstört er
wertvolle Einrichtungsgegenstände.
Mich freut
nur sein Pfeifen:
signifikant anders als das Kriegsgeheul
der Mücke.

Ach ja und ich liege
dann ist das Gute immer schneller.

Radikale Bewegungen

Verbeuge dich vor deinem Fuß. Das ist nicht dasselbe
wie ihm zunicken. Er ist oben er geht
über dich hinaus.

In der Pause entwickeln wir ein Gespür für unsere Längen.

Wir stellen unsere Füße an jeder genießt es
zwei Angestellte zu haben die für ihn da sind.
Fühle die Auflage deiner Füße
auf der Unterlage auf dem Boden.
Entwickle eine Vorstellung von der Grenze
zwischen deinem Körper und der Unterlage. Dem Boden.

Nimm die Beine vor den Bauch die Knie auseinander
greife mit der linken Hand um dein rechtes Knie.
Zieh das Knie nach rechts und spüre wie die Schulter
an einem bestimmten Punkt mitkommt und der Kopf auch.
Lass das Knie die Hand und den Arm und die Schulter
mitziehen. Dein Knie macht alles du gibst einfach nach

und kannst irgendwann in einem ausgezogenen Viertelkreis
auf deine Seite rollen wenn du das möchtest.

Zirkuskupplung. Animiert

Ich liege auf dem Rücken

ziehe meine Knie vor den Bauch
und bewege sie zur Seite

sie ziehen mein Becken mit.
Es dreht sich
und den größeren Teil von mir.

Ich shoppe die Bewegung:
drehe sie um neunzig Grad in die Vertikale

füge unter dem Hintern zwei Meter Luft ein:
„Mein Sprung in die Lust"

(eine Bankwerbung glaube ich
aber bei mir ist es echt).

Kreiseln
über dem unteren Bildrand (per definitionem)

zu dem hin ich taste
indem ich einen Fuß langsam ausstrecke

während der andere nach innen gedreht
mich weiter dreht

ich rotiere.

Eine Hand klettert am Körper in die Höhe
bis sie in den Zenit zeigt

von wo die Königstochter kommt
sich mit dem seitengleichen Bein eindreht

bei mir.
Ich spüre ihre Fußsohle auf meinem Hintern

den Schenkel ihres Standbeins
an dem Schenkel meines Standbeins

innen an innen
Vaginalsekret

mich nass machen
unten an der Ferse und da

wo ihr anderes Bein das mich umfängt
oben anfängt

(auch ohne Monarchie.

Königstochter habe ich nur gesagt
weil ihr Vater königlich stolz ist

auf ihre Gelenkigkeit.)

Sonne am Bauch eines Wortes

Die Person

Ich will mich beschweren sagt die Person
in mir die ich nie sein wollte bei wem
weiß sie nicht. Tot sind alle die an sie glaubten
die wollten dass ich werde wie die Person in mir
die nichts außer meine Verachtung je erlebte.
Sie sei jetzt willkommen teilt man ihr mit
Unterschrift: alle die an dich glaubten.
Druntergeklier: Nach Diktat verstorben. Ich sei jetzt schuld
werde ich gelobt. Statt der Person von allgemeinem Ansehen
habe ich als das besonders Sinnlose existiert. Die Person
blieb dagegen blass unerlaubt
von mir der nie etwas anderes vorhatte als das
gebe ich zu: die Person zu beseitigen als unbehaltenen
Rest dessen was ich beinhalten würde als Einrichtung
die ich immer sein wollte: Sieb
das heißt das was sich in ihm sammelt ist das Gegenteil
von dem Saft nach dem das allgemeine Publikum
giert das besondere Serum das den
Blutdurstigen schmeckt die Spendenkonserve.
Ich behalte. Ich spende nicht lecke nicht lasse
nicht durchsickern durchtropfen (-laufen -suppen)
nässe nicht wie die Lieblingsdichterattrappe Wunde
ergebe keine Marmelade keinen Spaßersatzpapp Poetryslam.
Ich bleibe übrig von meiner Abwesenheit öffentlich
wenn das letzte Zimmer privat geworden ist. Mein Drink
zerschellt an einem Kellerfensterrost die Orangenscheibe
lässt sich nur von den fettesten Scherben feiern. Bei Fliegen
die an mein Ohr klopfen erkundige ich mich nach Ländern

43

in denen Fliegen internationale Fliegennachrichten
in Menschenohren ablegen. Wenn ich mich an den Häusern
überfressen habe starre ich auf die Mädchen keine Bange
ich brauch nicht lange ein Reim versöhnt Sexismus
in mir ist wie Sexismusentzug in der Welt in der
bin ich nicht mehr wenn die Weiberwirkung einsetzt
gesehene Körper in mich schlendern und ich wusste nicht
dass ich da bin wo ihre Bewegungen enden
in dem Sinn dass Schwingungen irgendwo
ankommen müssen und da bin ich fasse das Glück nicht
das es sein muss sich so zu bewegen.
Auch ist es so (weil wir grad dabei sind)
dass Frauen angeguckt werden wollen es kommt
nur auf die richtige Länge des Blicks dabei an
auf sonst nichts keine Angemessenheit keine Pose
Geld oder keins Mann oder Frau alles gleich außer der
Wunschbelichtungszeit die ist bei jeder Frau unterschiedlich.
Die Blonde macht im nächsten Moment die Jacke
weit auf die ich abgetastet habe sieht an sich runter
mit meinem Blick: fast schon die Vereinigung.
Die Dunkle spricht ein einzelnes Wort aus ihrem Selbstgespräch
laut in mein Gesicht: „blau". Will sie solche Augen auf sich
haben oder verschlüsselt sie ein blinderes Einverständnis?
Luftschachtdeckel aus Gusseisen danken den Blick
übrigens auch flashen wie Leuchtstoffkörper
nicht weil sie blank wären sondern weil ihre Lamellen
parallel stehen und gleichbreiten Zwischenraum lassen.
Das Dunkel des U-Bahnschachts zwischen dem Hell
der Eisenrippen lässt das Hell das doppelte scheinen die Sonne
und die U-Bahn machen das Ganze in einer Koproduktion.

Eine Frau fährt mit einem Bauer mit zwei Singvögeln
auf ihrem Fahrrad durch die Stadt die Singvögel hinten
die Frau in der Mitte die zwei Hände der Frau vorne singen
in einer Sprache die nur Fahrräder verstehen und Glieder
die fest um Bauteile eines Fahrrads geschlossen sind.
Wer da nicht die Harmonie erkennt sammelt anders
als das Sieb das ich immer sein wollte manchmal bin
aber nie als die Person die als unwillkommener
Gastinhalt in mir hängt zusammen mit allem Willkommenen
bis sie was mir zu wünschen ich zugebe: weg ist.

Philosophia consolationis

Wenn dein Kind dir nicht mehr sagt
woran es verzweifelt weil es nicht mehr glaubt
dass du etwas dagegen tun kannst beginnt
die Zeit der Ratschläge die einen Bogen
um dich machen die Saison der Opernarien
die deine Meinung enthalten um als nichts
sagend durchzugehen das Zeitalter deiner Allmacht
auf der Grundlage deines alleinigen (noch) Daseins
wo sonst nichts ist. Mit dir reden würde
nur ein Gedicht falls es noch geschrieben würde
ohne Respekt vor dir. Ein paar Silben
würden dir noch anvertraut für eine Stunde ihr Gewicht
müsstest du anschließend kennen zwischen Schulterklopfen
dafür und Schelte wenn du das auch nicht mehr packst
könntest du dich entscheiden falls zwischen zwei
Unfähigkeiten eine Entscheidungsmöglichkeit besteht.

Nein antworte ich das Gedicht ist unmöglich
nur was den Tritt noch spürt verdient von einem Wort
in den Abgrund gestoßen zu werden ich spreche
allein und ohne Aussicht auf ein mögliches
Gedicht das von mir noch einmal eine Wahrheit
über ein zur Empfindung fähiges Kind leihweise enthalten
könnte ein weiterer vielleicht letzter Betrug an dem Kind
in einem Tonfall der von dessen Klage geklaut wäre
um mit dem Diebstahl einen Grund für dessen Verzweiflung
ein letztes Mal angeben zu können. Das Letzte
wirklich. Ich will nichts darüber hinaus denken

denn in einer Fortsetzung würde ich mich wiedertreffen
nach dem Ende meines zugestandenen Nachdenkens über letzte
Inhalte der mit mir noch bevölkerten Wirklichkeit über die
ich schweige wie der Fingernagel des letzten Monds über mich.

Na schön zwischendurch ist es dir Trost
auch an das Gedicht nicht mehr zu glauben
das dich immerhin an der Gurgel und nicht
am Busen hält wie der Freund aus dem Gedicht an den Mond
das du so magst. Du hast ja die Karte
mit dem Sternenhimmel im Herbst einstecken wenn der
                                                    Himmel
zumacht und die letzte Straßenbahn kommt. Du gehst
schon mit zugeschraubtem Stift neben der Karte
in deiner Jackentasche zur Haltestelle während das Gedicht
noch die Laterne ausschaltet im Park
wie immer tut wozu du es dir gezogen hast
als Falken der dich eines Tages verlassen wird. Es räumt
hinter dir auf macht Nachträge zu deinen Tagen
stürzt sich auf deine Fehler und ist als Gefährte
des Fehlermachers eben doch sein verwahrloster Stolz.

Konstellation

Hast du dem Mond einer Frau zu trinken gegeben
weißt du erst was dich Frauen begehren lässt
nichts ist selbstverständlich nur hinten rum lassen
die Wörter sich anfassen du musst sie stellen wie Kinder
für ein Familienfoto der Verstand ist eine Zier
dessen der arbeitet ohne auf das Mögliche zu hoffen.
Denn dieses kann Verstand annehmen einen Sinn
erwarte erst nach den Wörtern wenn das Foto gemacht ist
da musst du sein in der Kinderbande mitrennen
und akzeptieren dass ihr euch nicht berührt dabei
das geschieht erst auf dem Foto. Nicht immer sind es die Hände
die einen Körper haben sieh auf: Die Hände des Himmels
liegen nur zum Schein auf dem Haar der Sterne und Frauen.

Poetikauskunft

Wie das Gedicht will das streng
und magnetisch wie ein Schlüssel auf mich zeigt
spreche ich. Meine Worte schleppen sich zu der
von mir gelassenen Lücke sie passen
wie Abendkleider dem für mich
unerreichbaren Himmel der mich bittet
als Türsteher seine Lexika zu bewachen.
Mein Gedicht hat einen Körper
muss nicht sprechen nur die Hüfte
drehen einen Arm ausstrecken nach mir
ich folge. Mitleid habe ich mit ihm
dessen Beruf die Trauer dessen Ausdehnung
die Lücke zwischen zwei möglichen Erklärungen
der Welt ist. Morgens weckt mich Husten
stellt meine Abwesenheit fest. Ich dusche
mit dem Hass von Leuten die mich akzeptieren
aber keine Gedichte. Die Tage
verbringe ich auf der Holzbank
des Wörter-Wartezimmers.
Abends telefoniere ich
mit meinem Gedicht erfahre was
in meinem Leben gestrichen wurde.

Literaturbericht

Dass es den Dichter gibt weiß ich
seit ich sein Buch las. Warum
verstört mich der eine Mensch mehr
von dem ich erfahre mehr
als alle vordem Gekannten?

Ein stiller Mensch ist es keiner
mit einem Leben oder Tod
aus „Feierliche Übergrößen" eine kurze
Erwähnung hat er im Nachwort
zum Handbuch des Bedeutens.

Aber ich atme flacher mein Herz
beeilt sich zu öffnen wenn er klopft.
Eine Hautrötung fällt seinem Buch bei
mir und den meisten Lesern auf
während es uns anschaut.

Neulich erfuhr ich indem ich dessen Buch las
von Gott. Er ist keiner
dieser Welt oder Weltuntergangs
Veranstalter sondern eine niedrige Wolke aus uns
ersparten Tränen.

Sonntag der Sätze

Sonne am Bauch eines Wortes wächst
an wie ein Bart. Ein Bild lässt sich Zeit.

Stumm tauscht der Türsteher mit dem letzten Gast
zwei Anabolika gegen ein Maskulinum.

Leer sind die Straßen die Bleche mit Autos
verstauben im Fenster der Bäckerei.

Der Kiosk schüchtert den Durst ein mit der Artillerie
seiner Trinksprüche. Weiß schweigen die Fahnen.

Ein Gebet schwänzt die Kirche und wird
zum ersten Mal erhört (trinkt darauf einen Schnaps).

Zwei Gedichte streiten sich ob die Arbeit
existiert und warum die Menschen an sie glauben.

Ein Vogel hält ein Lesezeichen im Schnabel
geheim seine Lieblingsseite im Gesangbuch.

Vor ihr strahlen

„Corona" heißt
ein Gedicht von Celan

über Bachmann und ihn weißt du
überhaupt was das heißt.

„Im Spiegel ist Sonntag"
heißt es darin

Dogma
der Formlosigkeit.

Schöne Aussicht: Murray liest

Wie mich der Park kennt betrachte ich seinen Weiher
schon im Überblick als Gedichtersatz und wenn
die roten blauen Reflexe so weitermachen lese ich Werbung
auf Wellenlinien als eine Natur ersetzende Schönschrift.
Gewarnt lässt die Stadt mich durch. Vom versagenden
                                                    Löschteich
zum mich versiegen machenden Gegenstrom: Löschmeister
der brennenden Zunge ist der Verflüssiger eines noch schwerer
Gesagten. In einer Dreiviertelstunde hat Les Murray gesiegt.
Jetzt bin ich bereit die am Straßenrand lehnende Türöffnung
für den Abend bei kleinen Leuten in einer südlichen Stadt
zu halten. Ändere meinen Vers auch wenn in dem Raum
nur Mülltonnen zusammenstehen nicht mehr in eine Prosazeile.

Heranwachsende Wörter

Um alt zu werden wie Jacken müssen Wörter was tun
ihre Bedeutung wo hintragen sich durchdrängeln zwischen
Satzteilen Sitzschalen voll mit langohrigem Hörreis
Gehstäbchenpaaren als gestellten Beinen entgehen
                                        Platz nehmen
im Weltanhörungstheater stillsein damit das Stück
anfangen kann. Dann hat das Wort Zeit ins Fleisch zu wachsen.
Wörter sind das älteste HARIBO die erste Plastiktüte
enthielt Wörter alle Fabriken waren zuerst Wortprägeanstalten
nichts einheitlicher als zwei gleiche Wörter. Die Menschen
mussten erst mit den Wörtern losziehen und Erlebnisse suchen
in denen die Wörter ihre Bedeutungen ändern konnten wie
Schnecken ihre Körperformen wachsen sich zusammenziehen
erst dann waren sie im Wortsinn Dinge die gesagt wurden.
Ich war als Heranwachsender mal in der Oper mit einem
schon fast ausgewachsenen Mädchen von dunklem Liebreiz.
Uns störten die Wörter unten auf der Bühne weil sie
außer den Ohren die Augen beanspruchten zum Gucken
Tun die Sänger auch was sie singen? wir wollten tun
als ob wir zuhörten und dabei Augen sein lauernd
auf Anzeichen unserer Nähe die grenzenlos sein sollte.
Ich legte HARIBO auf meine Armlehne und schnippte es
ins Parkett bis in die erste Reihe flogen die Weingummis
jeder Treffer bewegte meine Nachbarin ekstatisch und ich
durfte sehen wie sie die Hände zwischen den Knien die Beine
unter den Vordersitz presste sich wie eine Ballerina wand
lautlos zitterte mir mit den Oberarmen
ihre Brüste hinhielt und mich dazu anstrahlte.

Ihr Körper machte immer alles was ihr Kopf vormachte
in willenloser Schnelle und Vollständigkeit nach sodass
ihre Bewegungen mir versprachen sie würde alles
was mir zu ihr einfallen würde auch mitmachen.
Sie war hübsch aber nicht das übte den Zwang aus
sie immerzu anzusehen sondern erst die Veränderungen
des hübschen Körpers durch dessen unablässige Bewegung.
Wörter konnten das nicht. Mussten erst wegfliegen
von billigen Flugplätzen aus in die Ferne segeln
betuchter Parkettplätze gestörter Kunstgenusskomödien.
Ein fremder Ärger die drohende Entdeckung durch
Getroffene und seitdem Rachegetriebene konnten
nachdem die Formen der Wörter sich beim Aufschlag
auf das Besucher*innenfleisch schon verändert hatten
auch ihre Bedeutung als eine andere zu dem zurück
tragen der sie gesprochen hatte. Dann konnten die Wörter
erstmalig wie der Körper der Nachbarin meine
Aufmerksamkeit beanspruchen als Inhalte meines Lebens
und nicht mehr nur meinem Körper entzogener Geist.
Dann würden sie älter werden und auch ich altern
wie meine Jacke in der Garderobe gealtert war als ich
sie auslöste. Sie erzählte mir nachdem ich das Mädchen
nach Hause gebracht hatte von der Jacke des Mädchens
Dinge von einer Intimität die unter Jacken möglich ist aber
nicht unter Körpern die einander mit Wörtern suchen.

Wann greife ich zu?

Die Wörter liegen da. Geordnet
von der Perspektive flach und gefällig
wie Wasser auf einem Acker. Ich kann sie nehmen
dann bin ich es gewesen. Die Arbeiter rauchen
in der Toreinfahrt des Museums warten auf
Bilder mit dem Gleichmut dicker Chroniken.
Die Kneipe hat nur zwei Gäste den Lehrer
mit seinem vom falschen Vormittag kalten Hintern
und den ausgedachten Zecher als Reklameaufsatz
der Thekengarnitur. Mehr wäre durch die Tür
vom schnell verfliegenden Dunkel eines Gastraums
auch nicht sichtbar die Straße näht ihre Termine
fest auf die Urlaubspostkarte schickt sich
ins Licht. Habe ich es schon immer
so gehalten mit dem Innendienst den Schalterzeiten
für Probeerinnerungen aus den noch unerlebten Vorstädten
meiner Tage? Brauche ich die kalte Schnauze
des Hundes wie Theseus etwas brauchte das hinter
ihm her war oder bin ich die Zufriedenheit des Hundes?
Den Streifen auf meinem Fell einzeln als Spuren
zu folgen vergaß ich. Immer schon lasse ich aus
was ich nicht mit dem Vorhandensein meines Körpers wähle
höre DEM REST zu in Monsunnächten befahre IHN als
                                        ein Tropfen
der anders ist und sich trotzdem vergleicht
                            in Sommerkollektionen
darum gab es wohl anfangs auch eine Beschreibung von mir.

Ruhelos

Ich bin das Tier das schreibt und danach unzufrieden
wartet dass die Unzufriedenheit vergeht mit einem
Körper der nichts kann was noch oft gebraucht würde
ungefragt gibt er seine Kommentare ab zum Wechsel
von Stoffen und Worten im Fleisch. Weit draußen
auf meiner Bank im Watt vor dem sich trollenden
Stundenmeer höre ich Klagen über die hinteren Kapitel
verblassende Anstriche auf Fischen ein Gefeilsche
um letzte Verschmutzungsrechte für Unterwäsche
und Liebesromane das Einkaufengehen der Ozeane
mit den Plastiktüten der Menschen Wut
nichts schreiben zu können die Furcht vor Verstopfung
dann dünn tröpfelndes Blaulicht ein Krankenwagen
rektale Notaufnahme Knallkorken blinde Verdauung
von Bildinhalten hinter Mund-Nase-Bedeckung.
Ich bin das Antwortschreiben das mich nie erreicht
aus der Vogelschutzwarte drei Seiten A4 mit Anlagen
zugekackt vom gefiederten Mob der Unschweren.
Freunde in der Luft sind Fremde im Haus
das Zuhören & Mitsingen ist bei mir erblich bedingt
ich bleibe noch eine Blutung lang bei meinem Lesetier
dann lege ich mich zu dir mein Stift. (Ruhen auch wir.)

Coming out

Ich bin
für meine Einfälle
was der Wannsee für Kleist
war sie sterben
an mir
immer zu zweit allein
die banale Originalität zu fliehen
ist einer ungenügend Widerspruch
erst macht sie stark zu
zweit ändern
Drittel Verfassungen
sprengen Körper
Verhüllungszwänge Wörter
zu Pferd durch das Tor meines
Gedichtebauernhofs sitzen
ab tränken
Metren mitten im Inhaltswohnzimmer
häuten das Schweigegelübde
des heiligen Franziskus vierteilen
den Wind bis endlich
bis ans Ende der Welt
das Allereinfachste
dringt die Anrede
mit dem ältesten Namen
des vielsprachig über das Papier
versprengten Selbstleugnergeschlechts.

Alles gesagt

Für Eric Giebel

Ich kannte einen Dichter der war Softwareentwickler
bis er über Sätze aus einem Vertrag stolperte den er
nie gelesen hatte. Also musste er ihn geschrieben haben.
Innerhalb der nächsten Viertelstunde sollte er ihn
                                    unterschreiben.
Alles was er sagen könne verlangte er von sich
bis aufs letzte Wort niederzuschreiben abzüglich
des zu sagen zwar Möglichen aber Unnötigen.
Nach der Unterschrift schrieb er seine Kündigung
bei dem Unternehmen für das er gearbeitet hatte
unterschrieb sie und programmierte nie wieder eine Zeile.
Stattdessen entdeckte er seine Geschichte und später
die Geschichten seiner Eltern und Großeltern
und zwischen den Entdeckungen dachte er an Dinge
die ihm schon das ganze Leben klar waren und all das
                                    schrieb er auf
abzüglich der Sachen die auf eigenen Wunsch nicht von ihm
                                    notiert
oder nach versehentlicher Niederschrift durchgestrichen
                                    wurden
wonach sie wieder als ungeschrieben galten.
Der Tag kam als der Dichter merkte dass bestimmte Dinge
die er unbedingt sagen wollte von anderen Dichtern bereits
in anderen Sprachen gesagt worden waren weshalb
aus dem Dichter nebenbei ein Übersetzer älterer
oder früher auf Bestimmtes gekommener Dichter wurde.

Immer länger brauchte der Mann für einen einzelnen Vers
je entlegener und komplizierter die Sprachen waren in denen
die unbedingt zu sagenden Sätze zuvor von glücklicheren
mit der betreffenden Sprache von ihren Müttern begabten
Dichtern gesagt worden waren aber was heißt glücklicher?
Die glücklichsten Jahre des Dichters und Übersetzers der
früher Softwareentwickler gewesen war wurden die letzten drei.
In ihnen suchte er nach der richtigen Übersetzung
eines keltischen Verses der außer einem lückenhaften Anblick
die seltene Schwierigkeit bot
dass er nie aufgeschrieben wurde. Im Nachlass des Übersetzers
fand sich zu der Angelegenheit nur eine Danksagung.

Leichte Post

Für Werner Schreiber

Die Stunde ist so voll dass sie nicht bemerkt wird
von oben aus der Galerie der Zeitrechnung dieser Schreck
ist die Eintrittskarte für Glück das keine Angstcodes
mehr scannt. Kinderbehaglichkeit.
Ihr nachgeben mit der Klugheit des Bären
macht einsam so leicht will es sich keiner machen
trotzdem portioniere ich heute die Sprache verkaufe
sie in Kugeln von unterschiedlichem Geschmack als
Erfrischung und verdiene. Zufriedenheit ist ein Brett
jeder hat sie gern auch wenn er zweifelt. Wie von
dem Ehepaar das nicht mehr redet einer nicht weiß
was der andere denkt aber das Zusammensein
genossen wird raus geheftet aus den Wörtern
gelochten Versicherungspolicen. Der andere ist da:
Das Wissen ist so positiv wie das Gefühl. Die Beere
wird zu Wein oder sie nimmt die Süße in aller Ruhe
mit in den Kuchen wo ist das Problem? Der Ruf des Vogels
ist immer richtig und wenn ein falscher dabei ist gleicht sich
das spätestens im nächsten Frühjahr aus. Eine Zeitung
feuert mich und es tut weh weil nicht die Leser
das Problem mit mir hatten aber es muss so sein
für das nächste Angebot das kommen wird so sicher
wie die Chefin sich irren kann Platz
im Kleingedruckten ist immer. Ein Tag kommt
und eine Zeitung sagt ihm wer sein Vorgänger war
so ticken Zeitungen. Das Internet macht da nichts dran

a propos der Wechsel ist da auch zuverlässig
der Freund des Geduldigen eine Abmeldung von zwanzig
„Freunden" auf einmal tut weh aber so ist facebook
         wie geträumt
so erwacht. Zeit für neue Träume oder
mal was ausprobieren: drei Kugeln Poesie mit Farbe
eine Galerie gotischer Engel mit Michelangelos letzter Pietá
die nicht fertig wurde wie das Mittelalter das alle brauchen
und das der Größte zum Sterbenkönnen für sich resettete.
Hundert mal wissen dass die Stadt die Rücksichtslosigkeit
         kultiviert
und die Espressotasse trotzdem zurück auf den Tresen stellen
         trägt den
Dank des überraschten Barista ein. Überraschungen sind
         die Religion
an die alle glauben und alle beglaubigen sie mit dem simpelsten
         Trick:
einem Gefallen. Schneller getan als erwogen ist er und schnell
ist das Leben. Also da stimmt doch was. Möge dein Leben
         lang sein
und dich zufrieden machen. Ich bin der bei dem es geklappt hat
und sage es dir zum Guten. Du hörst es auch gern Freunde
macht es keine aber Freude das reicht. Hakuna Matata my dear.

Der Duft einer Haut in Aufregung

Szenen einer Liebe

Für Christa

Die hinteren Kapitel der Berührung
wenn unsere Körper weich gegeneinander wurden
das Lehnen an mir: ein anderes Du
mehr Interesse an körperlichen Einzelheiten
weil alles gewachsen war seit die Tagesbrille
auf dem Nachttisch lag. Mondlicht zählte.

Sommerarme am Tablett morgens
in Gefahr beim Abstellen
am Bett wieder reingezogen zu werden.
Unbekleidet ihr Muskelspiel
„Frühstück bereiten". Eben angezogen
dich wieder ausziehen: ein Kinderhändespiel.

Die Picknickdecke die kräuterdicht geknüpfte Wiese
über den Hügel gebreitet in einen Abend
schweben der nie kommt. Die Summe der Fliegen
reduziert die Zeit auf Null die einzige Arbeit
das Schieben der Kühe über das Gras der Wolken
über den Nachmittag das Betrachten deines Kleids als wirklich.

Wie gerne wir auf Dörfern waren ihre Wildheit
wiederzuentdecken mit mir dem sie neu war
ließ dich ihnen die Lüge verzeihen sie seien
Heimat. Vom Tisch durch Dachbalken
aufgesehen zu den Sternen haben wir geputzte Kinder
musizieren hören in den Mauern karolingischer Bauern.

Wenn du am Klavier saßt übernahm ein Klang
der Taktstriche verschob wie ein Schlangenbeschwörer
die Wirbel eines Reptils die Kontrolle über deinen Rücken
der zur Flöte wurde unbeugsam bewegt vorgab
was die Tasten dir en retour aushändigen mussten das Spiel
das aus Spaß Kunst macht wie aus Spat Gold.

Bilder immer haben sie uns umgeben und immer nur
am Eingang einer Ausstellung gemeinsam schnell
fielen deine Augen zurück kämpften mit den Wellen
der Farben der Antworten aus den Räumen deines Inneren
den zum Lebensmuseum gewordenen Ausstellungen die du
besucht hattest einschließlich der Räume für noch Ungemaltes.

Dein 43. Geburtstag deine Lebenslandschaft faltete
sich auf hatte plötzlich einen Berg die Reiseführer
in dich mussten umgeschrieben werden die möglichen
Begegnungen mit dir verursachten Kreuz-
                            und Querbewegungen
zwischenmenschliche Ringe um eine Leerstelle der Willkür:
Du warst abgetaucht in eine grundlose Freude.

Die Freundin so anders mit einer anderen Geschichte
in die du dich geschrieben hattest um weiter zu gehen
wie eine Geschichte die spürt dass um sie herum alles stillsteht
wie gleich ihr jetzt seid. Ihr habt euch getauscht als Mädchen
wie man Puppen tauscht und seid durch den Trick Mädchen
                                                    geblieben
unter wurzellosen Frauen. Ihr wäret sonst Puppen geworden.

Mein Vater kam mit dir bis nach Florida.
Deinen zarten Arm voll seiner dicken Zeitungen
gingst du ihn täglich besuchen in dem Spandauer Notasyl
rolltest ihn zur Kirche fuhrst mit ihm Bus bis zum besten
Eis von Berlin da saß er glücklich vor seinem Becher
sitzt auf deinem schönen Foto für immer im „Florida".

Stickereien gibt es von dir die die Welt verkleinern.
Das Geheimnis der Kunst dass alles hinten rum geht die Hand
tun muss was Hände können und der Mensch warten
in dem Glauben des Eingeweihten an die „gute Seite"
                                                    und dahinter
die „gute Stube" die aus Glauben entsteht siehe
                                                    ansonsten Schiller
„Lob der Frauen" darüber lachen nur Verlierer
                                                    des Zusammenhangs.

Wir teilten Himmel des Südens Herablassungen der Nacht
im Amphitheater von Palea Epidavros wählte die Zikade
eines unbewussten Ibykos aus zwei Mal Hunderten von
Hosenbeinen
mein rechtes um reinzufliegen auf unserem römischen
Dachgarten
landete das einzige buddhistische Fluglicht der Nacht nach
einer Stunde Weltstadtüberflug in meinen ausgestreckten
Händen.

Wir teilten Meere zuletzt das atlantische
saßen nebeneinander vor dem Rätsel Gottes
und der Vereinfachung du schenktest mir eine Zeichnung
aus der Alhambra oder deinem inneren HSP-Boudoir
gleichviel. Die Ordnung ist ein Name der Erlösung
hör nicht auf ihn in diese Welt dies Haus zu sprechen.

Somatogonie

Es muss Nacht gewesen sein als die Welt
ihre Idee hatte wie sie sein könnte. Die Idee
war weiß. Und wir wissen
von Goethe dass das die Sonne ärgert die Welt
wusste es und ließ in der Nacht eine Tür offen stehen
zur Milchstraße. Die Idee hätte hinter die Wörter
zurück gehen können wäre (als Bild eines Bilds unsichtbar
für die Sonne) weiß geblieben. Würde Gott würfeln
sie wäre als Unterseite seines Würfels
in Frage gekommen die immer weiß bliebe und nie
hätte eine der sichtbaren Seiten die Idee sein wollen
wie die Welt sein könnte zu groß ist die Eitelkeit
alles Körperlichen unter der Sonne.
Hätte wäre würde. Die Idee stellte sich an die Straße
ließ ihren Deckel ein Ideechen offen stehen und geriet
mithilfe kleinster noch unübersetzter Kosewörter
aus einem interstellaren Flirt sowie ihres eigenen
leicht halluzinogenen Säuregehalts in die Gärung
die Goethe „Bildung und Streben" nennt durch welche
aus den Ideen Körper werden und als die Sonne
milchglasklar sah was da in ihrem Morgenstrahl duschte
sich streckte und verzehrte danach auf dem Frühstückstisch
zu liegen als das was mir am besten schmeckt ließ sie dich
weiß sein und deine Schattenfarben selbst wählen.

Gepaartes Doppel

Ich lass die Dunkelheit mit rein
in unser Bett die Wände Haut um uns
von hoch entspannten Zelten sein.
Du hast was allen Überschwang
belohnt feinrotes Gold das fesselt Kunst
gelehrter Hände Lustempfang.

Die Taube will und macht sich klein
hoch vor ihr steigt der willige Galan
zum Glück. Die Mitte soll es sein.
Dann sinkt der Täuberich in sich
und über ihm hebt seine Dame an
den Dank mit Schnabelspiel und –strich.

Bettvorschläge

Nimm Platz im Wahrtraum.
Zieh die Zügel aus.
Lass alles Wasser.
Sitz da als nacktes Licht
in Schuhen aus Schläfrigkeit
auf schlüpfrigem Wissen.
Liege als dicker Bücherleib
in den der Geist eindringt.
Sei lieb und komm dazu
wenn ich in dir komme.
Lass dich bestimmen
wie eine Blume.
Lass dich beherrschen
wie eine Kunst.
Sei pünktlich auf dem Strich
den ich zeichne.

Sacramentum sui ipsius mutator

Ein Schwedenleben in Pastellfarben
erwies sich als gemalt wellte sich
nicht mit dem Papieruntergrund
platzte wie geträumter
Straßenbelag schmeckte acrylbunt.
Künstlerseelen suchten das Weite
in gegenüberliegenden Fenstern das Glas
hielt sie nicht die Weite nicht
ihre Versprechen. Das Haus leerte sich
von der Kunst von den Seelen.
Tees wurden getrunken Sarkophage
verzehrten das Fleisch vor der Zeit
wandelten sich zu sepulkralen Vegetariern
steckten an was zwischen ihren Zähnen
das verzichtende Dasein weiter fristete.
Doch blieb die Masse und wuchs für die
das Glücksempfinden erfunden wurde
die Körper blieben leckten sich frei
für feinere Bedeckungen mit dem Luststaub
fernere Gegenseitigkeit ihrer Schleimhäute.
Das Haus wurde Glas in den Augen
der behütenden Engel ihre Weite zog ein
mit den Koffern der Reiseseelen abgestellt
am bescheidensten Platz zwischen Kaffeetasse
und Welterzählung im Pyjama.

Blau und Gelb Rot und Schwarz das Kreuz
und die Arbeiterklasse die Traumländer kamen
überein Frieden zu machen mit der Wirklichkeit
und sich anzusehen beim Anstoßen
mit dem übrigen Wein von Kana: Auf ihn (höret)!

Manege

Deine Worte zeigen wie Hände
von Anweiserinnen auf freie Plätze
für kleine Feiern des Unverhofften.
Hast du die Macht so zu reden
mit Richtungswechseln und Trümpfen
den Tag an die Wand zu spielen von einem
der Hinterzimmerkönige deiner Seele?
Sie schlagen die Wände um sich
und dich in schwarze Buchrücken Häute
geschossener und gefressener Sagen von
der bevorstehenden Unfehlbarkeit des Lossage-
Zaubers. Dann stehen sie als Eukalypten
Papyri Benjamini in Töpfen um dein rotes
Sofa. Trinken was du (um dir die Pause
in einer Eckfalte zu verdienen) langarmig aus
der schwarzen Plastikkanne an sie verraten hast
die Wasser-Fallbesprechung. Das Lossageblut.

Knockturn

Variationen über Verse von Arnim

O wie so oft
hab ich ein Zeichen erhofft
zogen
Sterne den schimmernden Bogen
durch die himmlische Leere
durch die himmlische Tiefe
dass ich der irdischen Schwere
endlich auf immer entschliefe
aber der Morgen
löschte die Sterne aus
weckte die Sorgen
weckte des Herzens Haus
und des Alltäglichen Macht
vertrieb die Ahnung der Nacht.

Anfangs leuchtete der Knochen
später von innen das Fleisch des Himmels
Licht
vom körperlosen Licht der Ahnungswelt
vom Leuchtkörper der erlösten Endwelt
unbetreten
wie Karten – nicht die gezeigten Länder
Morgenausblicke – noch nicht die Abendankunft
Licht im Kopf gemacht

Denken angestoßen die Kette
um korrumpierte Sachstände noch ungesprungen.

Darum bestiegen die Blicke
die Wand des Meers auch nicht ständig
lagerte die Nacht lieber im Glas und zauberte
wartete die Hand um das Glas
auf Liebe
Händevoll Nacht Fußkettchensilber die Nachtvoll
Schlaf der Bewegungsgesetze wartete ich
auf den Mondabdruck
auf dem vom Liebesgenuss leeren Teller.

Den Posten der Vereinigung
hat die Untreue bezogen. Die Wände
um den ins Innere fliegenden Tanz
- Flug um uns auf dem Blumenteppich -
waren gezogener Ton geblasene Flasche
rund geschleudert vom Reigen mittanzender
früher geliebter wenig später gelochter abgehefteter
Mitsammlerinnen meines glücksfesten Honigs.
Und dann ist die Nacht
doch Jungfrau
wortlos das Lied mit dem wir einschlafen
ungemalt das Bild auf der Staffelei
die zugesehen hat. Uns bewacht.

Was haben wir verloren
an die Meere die unsere Schiffe geschluckt haben?
Gäbe es einen Grund

für restlosen Verlust des Festgeglaubten
geerbte Traurigkeit erworbenen Besitzes
wir könnten bezahlen in Hafenstädten
ein Zimmer ein Jahr uns in Cafés verdrücken
Zeitungen gelb werden Achtung schwinden lassen
das Unnütze tun und das Böse
nur denken nicht umgekehrt. Nicht arbeiten.
Nicht der Grund für das anstrengungslos Menschen fressende
Meer sein. Gefängnishofmosaik
Vernichtungsdekor. Aber da war nichts
wir suchen weiter. Heuern auf neuen
Schiffen an. Werften.

Das Land hinter den Städten
wohin keiner mitgeht das angefangene Bild
des Untergangs
wo die Striche nackt gehen die Farbentür
vor den flüchtigen Dingen ins Schloss gefallen ist
Schatten sich in den Vermutungen Blinder wälzen
Blut verzweifelt in Körper aus Wachs zurück fließt
dahin dahin wollte ich
als Nichtmehrgeliebter ins Exil gehen. Die Hölle
Menschen testen sehen die als letzte
an meinen Stümpfen spielen. Worte
an ihren Gewichten in meine Kehle fallen
das Kehlenhundert des Gedächtnisses mit
Wolfsbuchstaben durchbeißen hören.
Aber der Weg
war zu weit. Der Mensch hat keine Ausrüstung
für das Menschsein. Die große Heimfahrt

abgeblasen
der Liebeskrieg in Haushaltspackungen
Partnerschaft abgefüllt. Haltbarkeit läuft.

Die Gier zieht sich aus
Nichts – als makelloser Körper – streift die Welt ab.
Ausschuss mit Dekolleté
Herrlichkeitennegligé
war was wir Unehrlicheren
anhänglich begehrten.
Totenkopf einer Puppe mit Strumpfmaske
Berlusconi: jung wie die geschälte Ewigkeit.
Lasterklumpen Macht durchlöchert
von ungetanen Sünden DSK: sale invictus.
Schön bleibt
was die Ahnung löscht
unerhaben zu sein. Unschön
wäre der Anfang jeder Wiedererhebung
über uns – unsere Geburt.
Wie der Anfang
den die Natur machte.
Jede Götterdämmerung
ist Tagesanbruch. Für uns Verlängerung
unbestirnter Zeiten heldenloser Gesänge.
So war der Anfang:
Stolpernde verstellten sich als Tänzer Träumer
als Welteinräumer zitternde Soldaten
zerrissen die Chroniken nach dem versehentlichen Sieg
Zufallszerfall des berannten Reichs. Epocheninfarkt.
Dann hängten sie sich was die Kleinen

Großes getan hatten in Versen Strophen
Kapiteln um Hals und Glieder wurden die Lieder
die Glut ihrer Feuer die Spiele ihrer Kinder.
Behängt mit Deutungen lebten sie
alles bedeutend einer Menschheit die immerhin
so auch lebte.

Aber die Steppe holte sich die Weiden
zurück und das sollten Wildtiere
Geliebte wie wir
mit vegetarischem Gleichmut gut heißen.
Warum soll Fremdes grasen
für Grasfresser? Wozu dienen
was keinen Herrn hat?
Herren wollen
wir nicht sein – nicht was sie wollen
müssen. Wir entlassen die bunten Götter
in den Dienst der Seeleute der Juweliere.

Wir lassen die Sterne
einsam untergehn.
Erinnerst du dich an ihr Sperma
vor drei Stunden als sie noch alles waren
den Himmel an die Kinder verschenkten?

Wie sieht die Welt aus
wenn erst die Wimpern der Tage ausruhen
die Schläge des Nachtherzens ausgesetzt haben?

Nicht weiterleben
können wir mit den Sternen am Morgen
weil wir sie für die Tagsorgen eintauschen.
Älter als unsere Sorgen

sind wir aber
und werden wir.

Pfandhaus

Ich sehe dich kommen. Du überquerst
den Hof jeder Schritt trägt einen Stein
ab von der Welt
tritt auf deinen Blick
dem der Gedanke an mich von der Schwelle zurollt.

Kein Hof keine Nachbarn in dir
übrig von einem Tag der dich verraten
an den Kummer verkauft hat in der Stadt
die gewesen sein muss wie das von dir
was du kennst vor dem
du aus dem Nachthaus gelaufen bist
die Tasche gepackt mit Sonne ausgeflogen
in das Versprechen heute eine andere zu sein.

Was du nicht sehen kannst was auf
den Karos unter deinen Füßen
nicht steht sind zwei Hände
um deinen Kopf die den Abend
beleihen ein Friede mit den Verlusten
des Tags ein anderes Versprechen
wenn du so weit bist den Hof das Nachbarhaus
das Glück wieder auszulösen
für dich. Morgen vielleicht.

Brüderlich

Mein Kopf sinkt auf deinen
dein Mut in Ritzen des Sofas
auf dem du als Verlassene sitzt.
Meine Hände auf deinen Schultern
sind Abbildungen deiner Hände auf dem Polster
wo nichts mehr ist außer Händen. Nach unten offen.
Das Gewicht deines Kopfs zieht meinen Kopf an
weil wir Menschen sind uns wiedererkennen
als Ware des Tags der sich ausverkauft.
Vom Teppich könnten wir schon nicht mehr essen
warten dass auch auf dem Tischtuch die Füße
der Nacht alles Geschirr zertreten.
Gleich sagst du gegen dich aus
meine Berührungen sind Gerichtsdiener sie wecken dich
und du setzt den vertagten Prozess fort um Stunden
die du aus deiner Weigerung knetest das Wunder zu tun
blätterst im erfundenen „Gesetz über die Verlorenheit
                                        von Spielen".
Der Bewegungsmelder im Hof widerspricht deiner Klage
auf lebenslange Einsamkeit wird aber vom Licht
der Straßenlaterne als Lügner entlarvt Zweige
im Abendwind sind keine Feierabendheimkehrer.
Ich spreche dich trotzdem frei. Meine Freiheit
teilt unter uns gleich
was einen von uns berührt.

Haus halten

Schränke haben Türen nach innen
wo ich warte. Auf die Hand die nicht
länger Streife geht in der Machbarkeit
sondern zu Hause nach mir guckt

fragt ob ich einen Apfel will
oder Tee oder beides nicht. Ruhe.
Dass sie sich zu mir legt neben
dem Bein liegt. Still an die Decke

(oder Bettdecke) guckt wie ich (nicht).
Mir erzählt was in den Schränken war
in der Küche die Wochentagsängste
aufgereiht mit Vertrautheit beschriftet

kein Gott. Sein „Du brauchst keine Angst"
haben wir grad nicht im Haus. Hat sie
gesehen und rührt sich nicht einkaufen
war sie schon. Wir müssen sparen.

Sich verspielen

Sie ist Samba sie ist Salsa aber
das Klavier stellt seine Bedingungen.
Sie ist Körper unter Gedankenanleitung
aber Schränke denken nur Schränke denken.

Hände kneten sich Pianistinnenfinger
ein Rücken geht still gegen unendlich
ein Lied im Kopf sähe sich gern gespielt und muss
warten bis die Handkatzen sich anschleichen.

Dann glauben was die Ohren ihm aussuchen von
dem Spiel das Verlierer spielen als Fuge
gesetzte Niederlage unlesbare Partitur
verschollen zwischen Noten und Augen.

So war es so wird es sein so wird
es wahr so virtuell wirklich so wahr scheinend
Schein wahrend ist das Wirrwarr: das ihr
gesungene Wiegenlied.

Rot und schwarz alle Tasten verlieren
überall Null. Weg der gedrückte
Einsatz. Der Kasten zieht das Register
kehrt unter sich den Notenkot.

Summa summa

Zu viel gesehen habe ich vom Schönen die Schönen
wollten es loswerden das Übermäßige. Ihre Begabung
zum Gemessenen das uns bindet warf mir den Rest hin.
Hautröte und der Duft einer Haut in Aufregung
hatten ihr Blühen selten ohne dass ich half
aus einem Schönsein das Mädchensein ziehen den Stachel
stecken in dasjenige was frei war. Ich wasche
meine Spur vom Parkweg sehe nebenan den Sarg durchs Loch
schweben runter auf Parkebene zwei wo alle Autos haben
und die nicht mehr gebrauchten Särge sich
zu den Sterblichen zurück stapeln in die Althimmel.
Da reitet eine Stolze durchs Licht. Was nehmen die Mädchen
                                                    sich
mit so Riesentieren auch vor und Männern
das scheut vor nichts. Opfert sich.
Da steht mein Zähmen arm daneben Innenwild
habe ich mir gesucht Knallverhallen
der Büchse das Große Studientreiben. Aber da stand
                                            auch immer
mal ein Reh wie aus einer Rücksage. Das Elfschöne.

Liebes Kinderkram

Ein Mädchen nachts vor ihrem Haus küssen
war wie ihre nackte Brust berühren
die immer drin war: jetzt stand sie draußen
und stand. Sonst nichts Mädchen haben so viel
womit sie zaubern können wenn sie lieben
zaubern sie nicht mehr. Sie strahlen vor Blut
fühlen was sie noch nie gefühlt haben
wie eine Brust die zärtlich berührt wird
von der Hand die wie das Lieblingspferd aussah
als sie noch hinter dem Wimpernvorhang lag
auf dem Tisch und redete und prahlte wie der
den das Mädchen ganz innen haben will
und sie alle Worte heimlich in die Hand
zurück faltete die der Junge hoch oben sprach
wohin kein Auge reicht und das Herz auch
höchstens springt. Die Hand
fühlt sich sofort vertraut an wie ihr Mädchenbett
und neu wie das seidene Zeug der Hochzeitsnacht
nichts passt zwischen die Finger und das Mädchen
nichts weiter in die Stunde als das feste Schließen
der Hand um etwas womit sie ins Freie zeigt.
Das alles sagte vor einem Haus ein nächtlicher Kuss
und danach ein Druck kleiner Hände: das Danke fürs Glück
und noch ganz viele Küsse und Tränen mehr. So war das
und das Haus stand still hinter ihr und log: wie die Zeit.

Leichtes Mädchen

Lippen die Zitronenduft beschreiben
schwarzes Haar gesteckt zu einem Korb
Haut so klar wie kalte Luft
zwei Augen schlagen vor was zwei machen
die einander gefallen und Geduld
mit ihrer Unschlüssigkeit haben.
Marktzeit ist keine Tischzeit
alles vorfinden macht auch glücklich
meldet größere Verschiedenheit
als die kostspielige Zunge.
Wen die Kleine sich anlacht der kennt
schon bei Tag seine Nachtfreuden
das Strahlen hinter geschlossenen Lidern.
Rotlicht. Hier hat eine offen.

Einer Honigvierzehn

Bleib so dass mit den Fahrstuhltüren
deiner Augen nur die untersten Sonnen aufgehen.
Ruf mich an mit dem Zwerchfell. Beschwöre
die Schlange im Bauch mit dem Pendel
des Rückens Ausschlägen deines betenden
Es. „Schön"
ist kein Mund der etwas
so dringend haben will Küssen
eine so unverschämt tautologische
Vorform bietet. Aber bleib so
kalt unerweichlich abhold dem
was nur die Leichtmatronen schön
und die Seeleute langsam und trostlos macht.
Lass Liebe wie Schimmel
die Wand des Schweigekraters bewachsen
und brich nicht aus bis dein Himmel schwarz
vor Verlangen um deine Lava bettelt.

Meermädchen

Drück mich wie das Wasser
halte so meinen Kopf
dass die Tränen von gleich
zu gleich fließen.

Tanze mit mir wie das Wasser
lass unsere Hüften lachen
die Beine sich schütteln
vor Staunen über ihr Ebenmaß.

Lass mich durch wie das Wasser
nimm mich freundlich auf
bejah dass mein Weg hinter dir
und mein Glück in dir liegt.

Trag mich wie das Wasser
mach meine Gedanken leicht
frei überallhin zu gehen
in den Schuhen deines Atems.

Angriff ist die beste Liebe

Stell mich weg
wie eine Kanne die gegeben hat
was sie sollte.
Ich bleibe da.

Die Maschen des Wassers

Schaubrot

Wovon ich spreche ist
der Luftlaib.

Dein Auge sieht nur
das Tuch
über den See vor uns
gebreitetes Licht

die Maschen des Wassers
die den Wind fragen
warum sie Licht sind.

Hände
von Blattwirkerinnen
halten die Erde
am unverlierbaren Faden.

Die Tasche Natur

Der größere Vogel
bringt noch mehr Ruhe.
Sogar eine Möwe kreuzt aber sie bleibt
zu klein für das Handyfoto.

Libellen tanzen
wie virtuelle LEDs beim Scrollen
von aufwändigen VST-Instrumenten.

Meine Worte sind unnötig
ich mache sie wie Verbeugungen.

Außer dem See aus Wasser
gibt es nämlich ein stehendes Gespräch
in das meine Worte gehören
wie in eine Tasche.

Wenn wir über die Romantiker reden
dichten wir ihnen eine Tasche an
in die sie alles getan haben was wir mögen
an der Romantik und nennen
die Tasche Natur.

Wünsche meines Großvaters sind
in der Tasche betreffend einen See
an dessen Ufer er sitzen wollte
und die Enten füttern am Ende.

Solche Worte haben
eine Familie.
Seine haben viele Enkel
unter meinen erwartungsvollen Worten.

Das Schilf nutzt die Pause
der Abendsonne
für einen Blaustich
der schon einen Herbstnebel vormacht.

Dabei ist Sommer
in den Grünöfen der Blattwerke
und die Wespen lieben das Stück egal
wie es ausgeht oder wohin
das Herz des Dichters Paul Gerhardt.

Zwergarbeiten im Bilderwald

Der Wald tapeziert seine Geheimtür lässt aber
ein Schlüsselloch: Ein Waldsee faltet
die Farben seiner verregneten Ufer in den Briefschlitz
des Himmels. Militärgrün fliegt
die Wassertarnung auf fallen Häute
erinnerter Seen ab in denen ich stand
oder schwamm aus denen meine Haut sich
ein Cape der betrogenen Hoffnung umlegt.
Von außerhalb des Bilds fällt ein älterer
Teich ins Wasser lässt
einen Ring liegen
die Unterschrift Bashōs erklärt
meinen Verzicht auf Bedeutung. Meinen Rücktritt
vom Innenregal nehmen die Wörter an regieren
indem sie Erlebnisse und Gedanken selbständig
in die Fächer räumen. So ists recht sagt der Rabe
Alles Eins. Aus der Untersuchungshaft
kehren die Gegenstände meines Interesses zurück
bilden auf der Hand
liegend den Waldweg
aufgeklärt den Himmel.
Unschuld sammelt sich
zu einem See.

Gebet

Ich kann in meine Wohnung gehen
und die Balkontür hinter mir schließen.
Leider wohnt keine Möwe bei mir
und das letzte Meer gab ich gestern
dem Paketboten aus Dankbarkeit.
Eine Erektion hat Anspruch
auf meine Aufmerksamkeit nicht immer
war das so aber Mann lernt dazu.
Aber es gibt so vieles den Meteor
den ich vor drei Jahren im Januar
über dem Bayerischen Platz sah
seinen Rhythmus der sich seither in mir
bewegt dem dankbaren Bewunderer
der bewegten Welt Gottes des HERRN.
Es gibt so viele Wiedergaben der Suche
so viele Rastplätze gibt es direkt neben dem
selbst wandelnden Wasser der immer Gestillten.

Autonomes Gedicht

Wenn du den Tag verpasst entscheiden andere
über die Hülle aus Licht in der die Häuser
deines morgendlichen Stadtteils geliefert werden.
Zwischen höher gelegenen Sorten von Licht
und anderswohin gedrehten Hauswänden
gehen die Sonnendeckplätze deiner Straße weg.
Der kalendarische Teil des Tags beginnt damit
zu verstreichen. Die Fließbewegung
des Flusses aus dem Geographieunterricht
nimmst du schläfrig als Erzählung
des Verpassten in Menschen ähnlicher Geschwindigkeit.
Die Unmerklichkeit mit der etwas geschieht
von dem Worte handeln könnten ein Fluss
sich in deiner Abwesenheit ein mit Gras
bewachsenes Ufer leistet als Erzählposition!
Die Widerrede des Winds entgeht dir schon
seine scrolls auf der Flussoberfläche. Die Bodenfaltungen
die sich in deiner Abwesenheit reihen enthalten den Wind
dir vor
enthalten den Wind
exklusiv
enthalten den Wind
er bläst
enthalten das Gedicht
Wiesengrün enthält
Elemente von Gedankenstoff
du bist
auf die Mitteilung angewiesen.

Auch Flüsse sind nicht ewig

Adam Sczojmer hat ein Meer gesehen. Das hat ihn
nachdenklich gemacht. Ob es einen Mann gibt am Ende
seines Wegs hat er sich gefragt der so breitbeinig
wie das vor ihm steht und schweigt. Was man zu ihm sagte
wusste Sczojmer von der Lautstärke. Wen man achten musste
hinter dem standen Berge oder Hochhäuser die hörten auf ihn
oder keinen. Hier war aber ein Mensch nur ein Tropfen das
                                                        Meer
sagte wart nur dich hol ich mir wenn ich Hunger hab lass mir
mein Mittagsschläfchen zum Verdauen deiner Vorfahren.
Ein Fluss war für Adam Sczojmer wie ein Bürgermeister
den musste man fragen wenn man durchziehen wollte
und das halbe Jahr: über eine Brücke. Jetzt stand er vor
dem Mann zu dem die Bürgermeister alle gehen und fragen
wann Sonntag ist. Nachdenklich machte es Sczojmer.
Einverstanden alle zu fragen außer den Pfarrer den suchte
einer auf erst wenn die Gedanken ausgingen die Furcht aus
der Kinderzeit zurück war. Viel Fleisch essen und eine Frau
so lieben dass sie es weiter erzählte würde er mal sehen
was das Meer sagte am Morgen wenn er mit schweren Eiern
hier stand und sich maß am Eingangstor zur Oberbehörde.

Ein Lied wusste er schon noch die Welt würde
dem Letzten gehören der eins aus dem eigenen Hals sang
dann würden die Blechbüchsen eingesammelt weggewischt
ihre Fensterchen das Altmetall reizte Adam Sczojmer bereits
seit geraumer Zeit Adam sagte er zu sich werd nicht
zu Adam Trojmer noch wenn du bedenkst: So viel
Blech in klein ist zusammen mehr als Autos auf den
Landstraßen hintereinander fahren das holst du dir
und baust damit ein Autoding das auf zwei Straßen fährt.
Doch fühlte er seit das Meer ihn ansah in sich
den Mann nicht mehr der er gewesen war Verräter
schimpfte er sich soll ein anderer deinen Platz einnehmen?
Verwirrung stiftete dass der Wind sanft über seine Glatze
strich wie über solch Wischfensterchen. Dass Sczojmer gefiel
was die anderen machten. Ihm egal war wozu
die Sonne sich hergab wie hoch
die Lenkdrachen zum Himmel auffahren durften Glück
hätte er es nicht genannt weil das Pech brachte aber
was Adam Sczojmer am Meer erstmalig empfand war gut.

Glasschale. Alexandria
1. Jahrhundert

Ein Meer schäumt
im Kreis

zu Tisch
gesetztes Urelement

Schöntun in den Grenzen
meines Gesichts mein Blick
fällt rein

versunken blinzelt
von unten die Erderinnerung
in geschliffenes Licht. Auf Schnecken
reiten Wellen zurück ins Meer
hält Wasser in den Mäandern
Zügel aus Sand.
Grün wächst um meine Augen
treibt Wurzeln unter die Haut
des Himmels. Meine Haut.

Strandlektüre

Unter dem Königsmantel hebt
und senkt sich der Horizont
liegen Länder deren zu große Schönheit
mich abweist. Blicke
aus der Verbannung führen
über das Meer des Eigenen.
Nur ein Fenster in nur einer Straße zeigt
den Umriss der Geliebten für immer.

Unter der Schaum geklöppelten Manschette
schreibt die Königshand seit dem dritten Welttag
einen Brief an meine Seele. Kein Auge
öffnet ihn keine Concierge Vernunft liest ihn.
Nur meine Fußsohlen fassen
was in den Zeilen steht anfangs scharf umrissen
nach Jahrmillionen rund formuliert
in Minuskelschrift. Zwischendurch in kapitalen Steinen.

Langverse um buchtenreiche Inseln
um Kontinente schreite ich ab auszugsweise
die Mitteilung. Gemessene Schritte
setzen die verfallenen Fußgewölbe
die Fesseln Muskulatur und mit der Zeit
einen neuen Körper von der Absicht
des schreibenden Erfinders in Kenntnis lesen
meine Scherben zusammen: LIEBE IST BLIND.

Insel Schreiber

Es ist ja nicht so dass einen der Verse
macht hinter der Maske keine Frauen angucken
wenn sie die Hand Papier bedecken
sehen sind sie im Gegenteil von Papier Beine
bereit aufzugehen und sich zu infizieren
das Problem ist: Ob er sich freuen darf
oder schämen muss weiß einer wenn der
letzte Vers gemacht ist was manche Schönen
übersehen ist: Gedichte gehen auch daneben.
Schreiben ist an der Naht
eines Meers gehen. Ihm die Aufmerksamkeit
verweigern heißt abreißen .
vom Teppich des umfassenden Wohnzimmers
Worten öffnet es die Tür
aber unentwegt hinaus auf den Gegenstand
sehen engt ihn ein er will
nicht schon den Eltern vorgestellt werden
die Strümpfe offiziell waschen die eben
von ihm nass werden es muss auch mal
wahr sein dass ein ungeheures und
rochenförmiges Element mit dem Herzen
einer Fledermaus existiere wenn kein Dichter
grad hinguckt. Es hat ja Ohren
sprich mit ihm rausche entlasse Weihrauch
aus dem Körper eines verfallenden Akkordeons
Aerosole aus Nerzkadavern.
Nur immer die Höhlen der Wörter aufgerissen
und nichts schlägt mehr an deine Schreibküste.

Ein Tag an der Nordsee

Dunkelbriefe schickt das Meer in hellen Schären
leiht den Sinn von Bergrücken an die Tagesbesucher aus
lässt alle mit Geräuschen bezahlen die es einzieht
ungültig macht. Möwen lochen Möwen tragen das Persönliche
in die Registratur des Erhabenen. Kann etwas sich verlieren
nachdem für einige Jahre seine Beschreibung Nachbartexte
in gedruckten Telefonbüchern hatte? Gibt es die Luft
nur als ein Wort das ein umfassender Himmel spricht in
die Weite eines von ihm umfassten Himmels? Die Wellen
scheinen es mitzuschreiben sonst gäbe es sie nicht
an dem windstillen Vormittag. Sie ahnten nicht
die Länge des gasförmigen Wortes als sie anfingen
es zu verzeichnen und so bekleidete der Leib des Meeres sich
mit der Zeilenform die eigentlich Menschen erfanden als sie
die Unabschließbarkeit einer Geschichte bemerkten die sie
                                                        erzählen
wollten und noch nicht angefangen hatten zu erleben.
Auf Deichen rangiert man die Lebensreisen von Figuren
so lange bis die Romane sie wieder hergeben für den Fahrplan
der Wissenschaft. Den lesen auch nur Dichter das Interesse
für Menschen ist gering unter den Zyklopen Odysseus hatte
da Pech Homer Glück die Fußnote spielte eine Rolle
im Beglaubigungsverfahren um seinen Traum die Angst
hatte richtig gesungen. Bestenfalls rollen Kinderwagen springen
Hunde mit in der Familienprozession über die Deichkrone

das bringt Bewegung in den Tagesprozess. Das Meer sitzt
ohnehin am längeren Hebel die Cafés spielen Hütchen
mit letzten Tortenstücken so ein Tag ist ganz schnell
auch wieder vorbei und die Wolken bleiben ratlos zurück
auf ihren teuren Plätzen. Sie schreiben sich lieber
selbst auf als so ein Seestück zu interpretieren.

Es passt

Schuhe aus. Mein Kino
heißt Strandbar. Alle Sessel
in eine Richtung.
Musikschleifen um
das Geschenk dieses Lebens.
Salat wenn du magst.
Sonst atme einfach.
Die Autos parken mitten
im Hauptfilm. Dafür lassen
zwischendurch Vespas die Lücken
aus Blau die uns füllen.
Mehr wäre das Meer
zu viel für jetzt.

Hagiamaria

Kleines Kloster
auf dem Berg

zwischen zwei Buchten.
Zwei von fünf Buchten

beinahe
schon das große Meer

Weichen

Windkräfte
sind keine Wasserkräfte.

Glaube
ist keine Religion.

Nähe macht dich leicht.

Die Buchstaben sind die Schrankfächer
nur
der Duft ist das Wort.

Zieh die Kleider aus allen
Schränken übereinander und wenn du
eine Kugel aus Körperwärme bist -

es ist immer nur das unhörbare
Zittern des Aetherosols
um dich rum.

Ölbergnächte weichen.

Der Ostertag nimmer.

Freunde in der Luft sind Fremde im Haus

Mein Blick rundet auf

Für Dana

Wer auf die Sterne nicht warten will
mustert die Stare. In Schwärmen als slideshow
von Mosaikfotos mit Bildwechseleffekten
bespielen sie den Himmel.
Ihre Zukunft ist billiger als die astrologische.
Drei Schwärme überblenden den Bahnhofsvorplatz
füllen die graue Anzeigetafel mit ihren Legebildern.
Dolce und Gabbana fehlen noch im Orakel der Studentin
aber mit indischer Seide ist zu rechnen. Heute
ist sie schön heute sollen wir es sehen.
Manche Dinge sind eben einfach die Mutter
zieht als einzige hinten am Pullover des Jungen
die Liebste zoppelt vorn und ist es zufrieden.
Der Wind macht einen nebligen Herbstmorgen
nicht angenehmer aber wer schiebt sonst
den Nebel aus der Stadt und spätestens am sonnigen
Herbstnachmittag meckert auch kein Berliner mehr.
Die Städte wurden gebaut weil die Natur
den Menschen zu kompliziert war Säulen sind
etwas Einfaches sogar die Zeit hats gemerkt
lässt ihre akademische Verwitterungskunst
von Abstraktion aufpeppen und so
moderner wirken. Sockenpaare
sind nichts was Frauenherzen bezwingt
beinahe frauenfeindlich sind Socken die Fesseln

der Frauen verdienen Freiheit trotzdem verkauft
der Junge alle drei Minuten ein Paar an Frauen
von denen eine bockiger als die andere zu sein glaubt:
weil Socken etwas Einfaches sind und die Aufdringlichkeit
des Jungen auch. Da verzeihen sie ihm seine
funkelnde Beredsamkeit und kaufen es ist schön
sich irgendwomit auszukennen. Die Kunst kann warten.

Melodie am Mittag

Eins hat die Mutter das nicht schneidet
schält noch putzt wäscht einkauft
Zettel vollschreibt Büchern Befehle für den
Köchinnenkopf entnimmt. Das
zwei Finger der an zwei Armhälften aus
geklappten Hand mit einem Knopfdreh
andrehn. Das spielt. Ein Mädchenkörper
will es. Zum Mandarinendrops wird
das Kleid sobald ein Zeh in die Luft vor
sticht es fächert. Da kann die Welt
erzählen was sie will da tanzt Hoffnung
hört nicht zu wenn Satzzeichen
den Verkehr der Spielzeugautos unter
brechen Nachrichten aus allem
eine Ausrede machen für
Großvaters Stummsein. Da springt
ein Punkt ein: für ein krankes i
ein anderer: für den Sprung in der ab
brechenden Lebenslinie. Da zählt
das Geld im Strumpf sich selbst
rollt ausgezogen hin wie Liebespaare
auf den Mittagsteppich der Welt die
nicht will dass ein Kind sie weiter erzählt
einer schnelleren Welt mit roten Backen.

Artfake

Purzelbäume die ein Kind geübt
und dann eingerollt hat in sein Gedächtnis

die Ausschreibung für ein Königsschloss in den Wolken
nachdem die Republik Erde Nubien annektierte

schöne Fuchsaugen die nur aus Blähbacken
einer Kröte traurig genug schauen: menschlich

Kaffee trinken mit Gott und abends Karten
haben für Sein oder Nichtsein in Fischgräten

Väter lieben aus Feigheit Stockverschlucken
als Totschweigen des Mitleidswortes: patrimortes

Zeitung lesen irrlichtern in der Lampe
aus Transparentlügen Augenschein umblättern

Zahlencodes der Freunde aktivieren auf Displays
die Versicherung der Oberfläche: keiner entkommt

die Mutter hätte alles gegeben hätte
das Kind einmal geglaubt geboren zu sein.

Aporien

Denken mit der Unschuld des Spiels
Draußenstände verteidigen gegen das Recht
einiger Leute auf meine Gesellschaft
ist anstrengungsloses Schuldig bleiben.
Mein Kopf hat einen Arm an dem
die Welt gefahrlos verhungert mein Arm
versucht mein Zimmer erfolglos
vor den Folgen einer Bewegung zu warnen.
Schön klingt meine Stimme solange
sie ihren Körper nicht verlässt in mir
hat sie nichts zu suchen. Ich will
von einer erträglichen Musik nichts hören.
Nacht wird es über dem Papier
wenn die Hand morgenrot leuchtet
die Idee geht schlafen der Sinn eregiert
neben ihr als nutzloses Schreibwerkzeug.

Sky Lies

So wenig los dass ich bedeutend
werde für die Fische die den Raum
mit Blicken unter Schlick und Wasser setzen
Frauen sind: Wimperalgen von Schlitzen
in Einschlafautomaten ziehen (klick)
sich wieder zuwachsen lassen. Rechts zwei
links das Fußballspiel (ich die Mitte) treibt meine
unverdrehbare Kopfgräte die Hübschen
ins Plasmalicht. Mein Aufmerksamkeitsaquarium
leckt die Seidenscheitel spiegeln
kaum mehr verfolgte Stürme von Mannschaften. Unter
grünen Schatten knospen die Spiegelposen zweier
Schminknachmittage blühen konkurrierende Liebesnächte
auf und ich. Nehm den bezahlten Weg wähle
das hinter der Theke zappelnde Freispiel den Hintern
der sportlichen Bedienung zum Ausruhn beteiligt Tun
Anerkennung Einlassen aus Männeraugen in den
eng werdenden Girlpool aufheizenden Wünscheschaum.

Ohrknall Theorie

Fake news fängt an
in Ohren die fangen ein Rauschen auf
das gibt es nicht ich weiß besser
was draußen ist als die gate keeper
des audio meine Ohren besser was ich bin.
Ich passiere. Was open air auf Klippen über
dem Innenrhein mich Nichtwissenden lockt
als Innenohr-Durchblutungsstörung goldener
Kamm von Dynamikspitzen am ruhig fließenden
WAV file im Bearbeitungsfenster. Welches
meiner Probleme wird aktuell ausgestrahlt?
Dass ich mich verlassen habe
auf einen Menschen hat mich zu einem gemacht
auf den Menschen sich verlassen haben nicht zu:
einem Menschen. Was ich tun werde nachdem
ich verlassen worden bin ist kein Satz im Präsens
findet ohne mich statt nur ein Rauschen
legt sich der unerhörten Tatenberichte auf mein
Innenfell die Perlen einer Sorgen bewegten Kette aus
Nachrichten ohne Schnur oder anders gesagt: fake news.

Gewichte

Den Kopf eines schweren Mannes über einem Wasser
halten ist schwer. Nicht wissen wann genau das Wasser
Mund und Nase verschließen wird das Wasser strömt
von hinten über den Mann weg sein Ersticken ist sein Geheimnis
sein Kopf bin ich das Geheimnis was mein Leben wert ist
wiegt schwer in meinen Händen die nur Bücher gehalten haben
in der Absicht mein Vergessen aufzuhalten. Mal einen Kopf
gehalten in einer Nacht der sich an mich lehnte den ich
weg hielt von meinen Augen in denen er schön war
und geehrt durch seinen Mut in meinem Leben zu stecken
in meine Hand zu fallen an meine Schulter
von da konnte der nächste Mut ihn zurück ziehen zwei
gingen dann erhobenen Haupts
in getrennte Leben nach dem Liebeszusammenfall.
Dieser Kopf hat keine Rückzugsmöglichkeit ein Fremder
ließ ihn in meiner Hand vergaß ihn als gäbe
es Wichtigeres als Kopflosigkeit als wäre
der Mann anderswo mit seiner Rettung beschäftigt
als in dem überspülten Stauwehr wenige Meter vor
der Hausmauer die dem Bach kalt entgegnet:
Wenn ich dich für dieses Stadtviertel in mich aufnehmen
und vor den Abfällen der Menschen beschützen soll dann halte
zuerst von mir fern was das Nachbarviertel in dich warf.
Einen Toten hält das Wehr. Ich halte seinen Kopf
solange ich nicht weiß dass er tot ist. Später werde ich
lange dastehen und überlegen was ich getan habe da wird
ein Mann vom oberen Lauf des Bachs her auf mich zu wanken
und mich fragen ob er tot ist der Hund. Den er ins Wasser stieß.

Du gehst

Wie deine Freunde mit mir reden
sammelt man Krümel. Du bist der Tisch
auf dem sie immer Brot vermutet haben.
Du gehst und lässt sie hier
was sollen sie essen von dir
als mich der bleibt?
Deine Art das Auto zu beladen
ist das Zurücklassen meiner Art Sachen
zu machen zu denken es könnte helfen.
Eine für mich undenkbare Ladung füllt
sichtbar ein Auto das Entladen ist schon
nichts mehr worüber wir streiten werden.
Ein Gedicht mitnehmen das ich kopiert habe
für dich wofür ich ein Buch geklaut und nach
dem Kopieren heimlich zurück gestellt habe
willst du nicht beklagst dich
laut genug dass alle es hören
es gibt noch Gedichte. Auf unsere Fluchten
begeben sie sich als hätten sie die Probleme.
Sie trennen uns endgültiger als wir es können
wie Gott den Himmel und die Erde das Licht
und die Dunkelheit trennte um sie zu machen
ohne dabei ihre Gegenteile zu beschädigen
bene discernere finis logicae. Ich küsse
den Straßenatlas auf meinem Tisch seine Lügen
fallen ab sofort von deinem Tisch für mich.

Mein Sohn und der Wind

Von Satz zu Satz springen uns erklären können
wie wir ticken Schulter an Schulter
die Gedanken sind ein Grundrhythmus über dem jeder
seinen Atem das Drücken der Banklehne das Lachen
die Hautreize solistisch improvisiert als Abstandnahme.
Wenn die Bäume rauschen als Hoax weil ich
das Rauschen die ganze Zeit hätte hören können bin ich
wieder fünf sechs rekapituliere dass etwas Unvergängliches
mich aufhebt wie ein Blatt und sagt zu mir: Du warst
auch während du so tatst als zählten nur Taten.
Gedanken versunken malt der Wind auf meiner Haut
nähert sich an und das ist Berührung: Nähe
Zärtlichkeit wartet immer kann das besser als ich und weiß
zugleich das Warten nicht das Zartsein fällt mir
schwer darauf fliege ich: die Basslinie des Winds.
Ich spreche ungern von Natur aber Natur zeigt
generell keine Pornos da liegen er und ich wieder auseinander
unser Wegucken von so was ist kein verwandtschaftliches
zwei Zeiten haben uns gemacht. Wir feiern die Gedanken
die unsere Nähe hergestellt haben und davor uns.

Franziskanisch

Der Wind geht jede Stufe
in meinen Keller blind
holt ohne dass ich rufe
das was wir beide sind.

Die Sonne will uns schmecken
und tuts im Hautumdrehen.
Der Wind will mich entdecken
ich will spazieren wehn.

Drei Engel sitzen später
auf unsrer Straßenbank.
Als noble Stellvertreter
bestelln sie unsern Dank.

Der kluge Vogel

Man erzählt sich, dass Goethe einen seiner ‚Aussprüche' geschrien habe: „Das Menschenpack fürchtet sich vor nichts mehr als dem Verstand. Vor der Dummheit sollten sie sich fürchten, wenn sie begriffen, was fürchterlich ist."

Ein Mächtiger hatte einen Kritiker
den er Tag und Nacht fürchtete.
Die Macht ergreifen wollte dieser
gar nicht war also ungefährlich.
In Wahrheit wusste er nicht mal was Macht
genau war und wozu man sie hatte
doch der Mächtige weil er im Kopf seines Kritikers
nichts zu bedeuten schien fürchtete sich.

Der Kritiker hatte ebenfalls einen Kritiker
das war seine schwarze Katze.
Sie lebte von dem was der Kritiker ihr gab
was nicht viel war bei dem Einkommen eines Kritikers.
Aus der Wohnung war sie seit dem gemeinsamen Einzug
nie mehr gelangt und in nichts war sie unabhängig.
Wollte sie trinken wartete sie bis der Kritiker den Wasserhahn
in der Küche aufdrehte und hielt eine Pfote in den Strahl.
Die Pfote leckte sie anschließend ab hielt sie wieder ins Wasser
leckte sie ab und so weiter „eine seltsame Art zu trinken"
war die Meinung des Kritikers dazu der aber spürte
dass die Katze über seine Verrichtungen ähnlich dachte.

Wie er trank was er trank was er dabei sagte und dachte
zählte für die Katze nicht. Täglich erschrak der Kritiker darüber
und trank noch ein Glas.

Auch die Katze hatte einen Kritiker
das war ein Vogel auf dem Dach des Nachbarhauses.
Das heißt da saß der Vogel nicht immer aber weil er klüger war
als seine Verwandten flog er andererseits nicht ohne Grund weg.
So war er ein vertrauter Nachbar geworden für die Katze
die nicht weg konnte während der Vogel nicht weg wollte.
Die Kritik des Vogels an der Katze die er täglich beobachtete
war auf ihre fehlende Entschlossenheit gerichtet zu fliegen.
„Etwas nicht zu können ist keine Schande sondern die Chance
dazu
es zu lernen" sagte der Vogel zu der Katze.
„Ich weiß dass du aus deiner Wohnung nicht raus kannst
aber fliegen könntest du auch in der Wohnung. Zum Spaß."
Spaß ließ der Vogel so muss ich ergänzen als Grund
des Fliegens gelten und flog manchmal zum Spaß ums Haus.
Aber die Katze starrte statt fliegen zu lernen
den ganzen Tag aus dem Fenster und ärgerte sich.
Ganz schwarz war sie geworden vor Ärger über alles Mögliche
was sie die Tiere draußen machen sah und sie saß drin.
Oder sie stellte sich vor wie sie den Vogel fangen würde
und fressen was der nicht persönlich nahm aber kritisierte:
„Du wirst keine Gelegenheit bekommen mich zu fressen",
sagte er, „warum vertust du Zeit mit einer sinnlosen
Feindschaft?
Lass uns Freunde werden Freunde unterhalten sich

denken oder singen zusammen. Zwei von den drei kannst du."
Die Katze antwortete dem Vogel nie ein Wort
aber auch das nahm er nicht persönlich. Was ihn ärgerte
was ihn wütend machte ja außer sich brachte so wie
meine Verse außer sich (das heißt die Zweizeilenordnung
die sie bisher hatten) geraten sobald sie den Ärger
des Vogels beschreiben sollen
was der Vogel wirklich hasste
war der Grund aus dem die Katze
auf seine Reden nie antwortete:
Sie hatte Angst. Vor der Klugheit des Vogels
und seiner Reden packte sie das Grauen
das sah der Vogel deutlich und sprach:
„Dass du vor der Klugheit Angst hast
ist ein Zeichen deiner wirklich hoffnungslosen Dummheit.
Dir geschehe nach deinem Glauben und mir nach meinem
                                                    Stolz.
Wir hätten viel miteinander erleben können."

Dann flog der Vogel zu dem Palast des Mächtigen
wartete bis der zur Tür raus kam und schiss ihm auf den Kopf.
Der Mächtige ärgerte sich so sehr wie vorher der Vogel.
Um sich zu erleichtern ließ er seinen Kritiker festnehmen und
                                                    einsperren.
Der Kritiker hatte keine Freunde die nach seiner Wohnung
                                                    sahen
darum musste die Katze des Kritikers leider verhungern.
Der Vogel kehrte nie mehr auf sein Dach zurück.
Angeblich bewohnt er seitdem das Dach eines Hauses
                                        ohne Nachbarhaus.

Café Kant

Die Bilder verschweigen
den Unbeteiligten
der sie sieht.
Nur er
deutet den Blick der Frau
in das Café weg von der
Frau zu der sie weiter
spricht als Freiheit
der Persönlichkeit die zugleich
als Person dem Naturgesetz unterliegt.
Sie könnte in dem Café sitzen
weiß die Frau für den Augenblick
sicherer als sie geht oder weiß
dass sie geht oder auch dass
sie zu einer neben ihr
gehenden Frau spricht
oder gar was
oder dass
ein Mann in dem Café
sie sehen wird gleich nachdem
sie ihn angesehen hat ohne dass
sie einander ansehen konnten so
wie sie zwischen der Natur
außer ihr und ihrer Natur
in sich frei über ihr Tun
entschieden hat: vorbeizugehen.

Metropolgespräch

Dielen knarren Bariton
weiße Wände schlucken den Sommer
Boseboxen knausern Jazz
hinter Glas Gläser mit denen
sich Weinkeller austrinken lassen.
Wortspiel findet Widerwort
stranguliert sich am Stahlnerv
Überzeugung überzieht das Vertrauen
der Gastgeberin fällt unglücklich
in Ungnade Radicchiosalat
ohne Balsamicodressing ist Nacktschmerz.
Draußen muss der Sommer
allein klar kommen alt genug
ist er Spielsachen hat er
genug gekriegt rein darf er
kurz aufs Klo. (Musst du auch wirklich?)
Selbständige können abhängig
Beschäftigte beschäftigen. Nicht verstehen.
Rechthaber lachen Liebhaber
aus als machten sie sich ein Nichts
aus Liebe für kommende Winter Wochen
in denen alles stören wird außer Haussen.

Gemachter Hof

Sie kam nach den Paunsdorfer Mauscheleien
Frau Biedenkopfs Shoppingtouren begrüßten sie.
Dann wurden die Geschichten stiller so
wie sie gern erzählt von Menschen in widrigen
Lagen aufgesucht mit kleinem Team
die Kamera bald vergessen im Einraum
der Grünauer Medea. „Wo sind Ihre Kinder jetzt?"
Die Hochhäuser zeigt sie mir als erstes
vom Dach des mdr-Turms aus. Den Tagebau
den Tunnel natürlich und dann erst die City.
In ihrem Büro der gedankenlose Strauß Narzissen
von meiner Lesung. (Friss mal was Grünes Autor!)
Sie freut sich über Kollegenblicke
die von den Blumen zum Fenster wandern
und über den Hof uns nach
in die Südvorstadt. Die Musikersauna
im Gewandhaus fand sie witzig
der Rechnungshof nicht. Dessen Präsident
jeden Morgen vom eigenen Fahrer nach Dresden
gefahren wurde lacht sie: „Na eben
in Leipzig wollte der wohnen und
ich weiß warum!" Die Lichter
der Bar stehen ihr großartig später
steht sie vor ihrer Haustür wie ein junges Mädchen
das noch alles Wichtige vor sich hat
einen wie mich in Seelenruhe weggeschickt.
Mit dem Sonnenaufgang lacht die Stadt
mich aus wie einen Hahnrei.

Unterhaltung mit Räumen

Naturkundemuseum

Ein Raum stellt verschiedene Blätter aus und erklärt
ihr Fallen. Im nächsten Raum stehen die Bäume dazu
und unterhalten sich: Die nächste Welt wird Menschen
                                        ausstellen
blühen wird der Tourismus von Pflanzen. Und dass kein Baum
in dem Raum seine Blätter hergibt für das Gefalle
das nur Menschen gefällt! Zwei Räume zeigen Hunde
beim Kopulieren und wie es geht. Nebenan lernt Frauchen
das Zuerst-Hochspringen Den-Partner-Umstoßen-Wollen
                                        und erst
danach Das-Stoßen-Erfahren nach dem
                                        Gestoßenwerden-Anbieten
falls sie die Hunderäume statt des Raums in dem sie steht
besichtigt aus dem Augenwinkel und das gesehene Verhalten
auf sich bezieht. Es gibt den Sonnenraum wo Sonne
herum liegt ohne etwas zu bescheinen. Baumstümpfe stehen
getrennt von möglichen Bäumen die sie gewesen sind
in einem so flachen Raum dass der Zutritt nicht möglich ist.
Verstorbene Hunde schauen den Besucher im gemütlichen
„Raum der Vorwürfe" an während eine Schuldforscherin fragt
warum „oben stehender Hund" statt bei dem Besucher bei
                                        einem
anderen Menschen leben und letztlich auch sterben musste.
Dezent hat die Natur angefangen für die nächste Welt
und ihr Museum umzuräumen. Nach dem „Grünen Saal"
der Rasenflächen gewidmet ist folgt ein Raum voll
grüner Parkbänke aus Holz „zur Auswahl" in Wahrheit
aus Rache für das Angestarrtwordensein der Naturen

aller Zeiten von Bänken aus von erblich sentimentalen
Hundeimitatoren der saecula seaeculorum. Der Besuch
des Hauses ist nur in Gruppen gestattet deren
                                            Zusammensetzung
gewählt werden kann aus einem Katalog von Paarungen
mit Naturcharakter zB Großväter und ihre Enkelinnen oder
Väter und Großmütter ohne ihre Kinder und Enkel oder Paare
die maximal fünf Stunden vor Eintritt noch Geschlechtsverkehr
hatten oder ihn im Sträuchersaal unter Aufsicht vollziehen
und Anderes die Menschen merken es nicht ihr Leben
wird von der Natur nach modernen Gesichtspunkten erfasst
und für kommende Sonderausstellungen sowie den Bestand
der zukünftig anzunehmenden Menschheit im Museum
vorbereitet. Einstweilen erinnert alles noch an einen Park.

Der Bahnsteig. Ein Zoo

Gehwegplatten als Grundform wachsen zur Standfläche.
Goldakazien am Rand sammeln sich zu einem Wäldchen.

Goldmähne war das nie was vom Kopf des Programmierers
kontrastierend auf seinen Primatenthorax fällt Fastmeter
behaarlicher Wiederholung ich bin anders
ausgedünnter Protest wie die Zigarette
den Körper ausgerechnet mit Sterblichkeit aufpumpt
vergrößert im Auge des Bestatters. Auf Raten
entfernt. Der Blick flehentlich starr wie aus Osterinsel-
Steinköpfen jeder Tag zählt beim Bilanzselbstmord.

Weht ein Zug vorbei ist der Ort wie vom Plan verschwunden
nur die Worte im Satz der Bewegung gelten noch.

Eine Picknickdecke streut ihre Karos aus
hebt die Ecke lässt den Wind drunter
kitzeln kann nur was anfasst Arbeitslosigkeit
macht Gelegenheit macht Liebe. Macht himmelt
Gefühle erden. Leichter kann das meiste noch werden.
Flaschen stehen oder rollen eine Frage
nicht zuletzt des Inhalts der wiederum Gefühls
abhängig immer zum Loch drängt fließt
oder mal schwappt Schwerkraft temporär foppt.

Ein Fahrscheinautomat trägt sein grünes Hemd an eins der
                                                    Enden.
Das andere fraternisiert mit Fransen des grasenden Waldrands.

Die Normalgruppe immer janusköpfig
die Blicke parallele Vektoren: entweder – oder
ergeben das Soziogramm: Wer weicht
wessen Blick aus? Der Weggucker sieht
zur Strafe das Nichtgewählte. Muss lügen
mit den zwei Fragen Kommt der Zug? oder (adversativ)
Steht das Signal schon auf Grün? und umgekehrt
wenn ein stärkerer Blick wechselt wieder wechseln.
Widersehen mit „i": Ein ausgehaltener Blick
liest im Umkehrschluss ein „Ich werde gemocht".

Uneinnehmbar einer der zwei Sitze im Wartehäuschen.
Drüben stehen zwei. Jedes mit langer Sitzbank.

Der Mangel stellt Blicke quer das Jenseits
sind Andere die es besser haben schön sind sie
oder die vom Blick der Sehnsucht drüben ausgewählten
sehen sie mich nicht auch an? lässt sich denken
wegen der Ferne die daliegt wie eine Saat
sie wird als Gegensatz von Fahrtzielen wachsen
bis zur Unmöglichkeit von Begegnungen: religiös wahr.
Na immerhin sagen solche Blicke und atmen den Sauerstoff
der Augen das Licht der Logosynthese. Wartesinn.

Gedanken stehen an dem von Kettchen beleuchteten Kiosk:
gegenüber auch der. Hadesgedanken die Kunden.

Aufgeschrieben sein zum Abtransportiert werden
kein Bier mehr kein Kaffee hier wo beides winkt
kein Leben wo keine Arbeit es holen käme

eingeholt werden vom Mast des Augenblicks
eingerollt in die Erwartung von Mänteln umhüllt
von Eisenbahnblech in Gebäudemauern zu enden
zu hängen. Von Lichtergirlanden losgerissene Blicke sind
Kinder die aus Träumen erwachen erwachsen werden
                                        wie Steine.
Ringe hätten sie werden können auf grundlosen Teichen.

Jedes Haus des Namen gebenden Orts steht drüben
hier nur Wald. Dann Sumpf. Bahn abweisende Wildnis.

Wo kommt es her das Kind dessen Haar halb so lang
wie es selbst ist? Halb es selbst ist das Fell
das es auszeichnet vor der kurz frisierten Mutter
daheim im Ort. Wohnt die Kleine wirklich dort?
Wo kommt der Junge her der auf seine blassen
Lippen beißt? Tiere beißen könnte er um ihr Fleisch zu essen
oder sein Fleisch zu schützen aber er beißt den Mund
aus dem sein Unglück kommt die Jugend das Tier
das sich in ein Mädchen verwandelt und dann ein Haus.

Jeder über fünfzehn stieg illegal übers Gleis.
Elternhass aus Fensterglas dampfender Autos empfing ihn.

Erst die letzte Minute gibt die Kinder frei Hitze
aus Dieselmotoren in Thermoblousons gespeichert Bosheiten
unter Zeitdruck Turnschuhbeutel in ein Gebüsch Fotos
ins Netz Tanzschritte aneinander geklickt Hausaufgaben-
beichte. Computerspielstände setzen als Richter Fristen
für Tasten- und Touchscreendrücke Erfolge gespuckt

in Einkindfamiliensuppen. Man übt Erzählungen
von der Nacht
für später eigene Familien den Einkommensvergleich der Väter
alles außer auf den Zug Warten. (Wozu gibts Drängeln.)

Requiem mit Durchsage: „... fällt heute aus. Grund dafür ist ..."
transzendent wie das Heil gastlich haltender Fahrräume.

Das Warten verläuft sich tropft in Ersatzlösungen
des Individuums nimmt den Sinn von kalten Platten
des Erdherds.

Oder Wärme erfüllt ihr Versprechen ersetzt als Metapher
sitzend
das Ziel zeigt als Waage der Erwartung: die Nullposition.

Die Wahrheit über Vorhänge

Alle Vorhänge in einem Mietshaus leben
zusammen. Wie sie da hängen in
einzelnen Fenstern auf eigene Arten
gewähren sie Passanten die Sichtbarkeit
des Gewebeleibs durch Schlitze des Steinkleids.
Die Menschen wollen getrennt leben
noch im gemeinsamen Haus um Alleinbesitz
beneidet werden Neid räuberisch mitgenießen
Nachbarn nur besuchsweise empfangen. Tags sehen
und grüßen sie aus den Fenstern nachts kühlen
sie ab in den Betten. Ihre Traumkörper vereinigen sich.
Die Vorhänge haben da schon längst die gleiche Farbe
lassen ihre sparsamen Muster wild durcheinander
durch sämtliche Stockwerke fließen ihre Hüften
dehnen die Hausform. Sie dient
wie alle Kleider zwei Herrinnen der Nacktheit
und ihrer öffentlichen Leugnung. Häuser
wissen wem sie aufmachen würden für eine Nacht
ohne Schlüssel und Verträge über ihr Benutzt werden.

D-Day

Als hätte der Himmel
die Fliesen ausgesucht
redet meine Terrasse
dem Dezembertag nach dem blassen
Mund klebt sich ein Blatt
an die Stirn dass die nassen
Reste der Nacht außer verweint
verwendet aussehen zum Lob
und Laub kalter Sterbegesänge
auf den Bilderbaum. Abgefallen
sind die Hoffnungen der gefliesten
Stunden darauf zu zerfließen in Sonne
und sternbesticktes Glück zu tauchen
lange Enden in den Zeitkrug. Dahin ...!
sagt das Licht
auf der Leine ich schließe
die Tür. Durch das Glas
dringt: ... sind deine Hoffnungen.

Rotalarm

Das Auto abgestellt am Rand der Straße
gefährdet den Verkehr der nicht
stattfindet. Der Graben zwischen der Straße
und dem Feldmäuerchen birgt genug
wildüberwachsene Löcher um den Fuß
des weißhaarigen Fahrers zu brechen
auf seinem unaufhaltsamen Weg
in die Nachmittagsverstimmung der Gattin
auf dem Beifahrersitz. In dem trotzig
hoch gehaltenen Fotoapparat wartet eine
nicht im Handbuch erwähnte Falltür
darauf den belichteten Moment in ein
ewiges Vergessen zu stoßen. Trotzdem
steht der junge Acker bevor er sich noch
eine Frucht überlegt hat: knietief im Mohn.

Butter auf den Tag (Maria Geburt)

Dieses Blass der Farben heißt Gegenlicht
Fülle der Form ist reine Farbe
die Zahl als das Schweigen im Wortinneren
Äste zerbrochen zu Zeptern des Seins
das Genügen an den Funden ist Fundsache.
Tanzen werden die Bäume erst bei Sonnenaufgang
aktuell schwänzt ein Hund die Nasenprüfung
und in der Vergangenheit war gut
das Bestimmtwerden zu dem Gegenwärtigen.

Unterhaltung mit Räumen

Nach dem Himmel ist ein Dom
der größte von Menschen besuchte Raum.
Um das Nichtgeometern zu erklären wurden
so viele Steine aufeinander gelegt wie keine
zu der Zeit gebaute Stadt sie brauchte um stehen
zu bleiben. Der Geist ließ
Harz aus Weihrauchgrün jahrhundertelang
in methodisch geschwenkten Rauch aufgehen
Zierschwaden schweben: geduldig schwindende Schleier
vor dem beurkundeten Geheimnis. Gelüftet
von einem Ballett aus Spediteuren schöner Geräte
und Inhalte durch das Innere des Raums / des Menschen.
Nie ein Maler malte Raum
in seiner Bedeutung als Geschenk
wie der Rauch der weiß
und fröhlich aufsteigt
zur Quelle.

Parallel ist im schwarzen Rauch
der Schmieden baumlanges Eisen von unten
aufgeforstet worden zu einer Orgel die spielte
dass zwischen den Pfeilern noch ein Raum wäre
der sich in einen gemeinsamen Wald verzweigte.

Am Boden erklären zwei Großväter den Mittelgang
zum Himmelsterritorium. Einer sperrt ihn mit seinem Körper ab
der andere fällt ihm mit einer roten Kordel in den Rücken
die tut das Gleiche. Ergeben überflüssig
steht der Unterste im Raum

nachdem man um die sechs Glocken ganz oben
zuletzt Hochhäuser als Verstärker gestellt hat
das macht ihren Klang endgültig.

Trotzdem drehen die Menschen nach dem Empfang
ihres Erlösers um und gehen in ihre Häuser entschlossen
in dem größten nur Besucher gewesen zu sein.

Kloster Chorin
Barrieren bedingtes Fragment

Fontane sagt: den flüchtigen Eindruck wert.
Ein Druck heißt ein Bild. Die Nebelwimper
ziehen von Heilserwartungen. Einlassen ein
schaumfreies Augenbad mehr nicht
mehr wär Ödnis. Fontane
Behinderer von Heil aus Geduld mit Steinen
gerollter Einlassung auf den gehauenen
Überlebensweg. Schlecht vorankommen passt
zu Gehbehinderten. Kirchlein deck dich
vom Kran über dem Dach plärren Charts
zum Zimmermannshämmern: das zahlen wir
die Barrieren bleiben. Dabei sind Rollstühle
was Zisterzienser wollten Schwache sollten
Besitzer sein: Leben weitmöglich vom Tod
weg tragen. Slawen trugen den ersten Stein.
Als das Wasser das Brot aus dem Stein wusch
für die Zuwanderer aus dem Weinland
Deutschland war das
Beerbung von Wassermühlenknowhow
von wassergeweihten Heiden von ehedem.

Rheinsberg

Flanier die Promenade einfach runter
die Zuckerzange greift sich dich
zwei Türmchen an zwei neugierigen Flügeln:
So wegelagert das Chateau
tut als sinniert es auf den See hinaus
und fängt doch lieber Ausgeflügel
verführt als marzipangeputzte Nacktheit
und schwitzt beim Liebesakt Kultur.
Das Opfer reißt sich los schweift in die Ferne
kommt in den angesagten Park
da warten auf Befragung weise Sphingen
da läuft Verstand geharkte Wege
Seerosen mieten ihre Liegeplätze.
In einer Grotte kühlt der Wein
für Ausschweifungen um die nächste Hecke
von Ferne mahnt der Obelisk
dem man nach zehn Minuten schon die Hand gibt:
Kriegstote sind mit Uns verwandt
oder sie haben erst umsonst gelebt
und dann ihr Leben so gelassen:
umsonst. (Falls sie Nachruhm wollten.)
Viel Pyramiden künden von der Ewigkeit
als Tännchen billiger denn als
gestutzte Buchs- oder Wacholderbäume
es weihnachtet der Rechnungshof.

Der gleichzeitig viel Dutzend Euro vielen
Dutzend Jobbern gütig gönnt
für Stehen und mit „Guten Tag" Erschrecken
wer einen der gleichvielen Räume
im kronprinzlich gedachten Schloss betritt.
Im Staub: die Feinde Brandenburgs
der Schimmelpilz-Dragoner gibt die Sporen.
Der Fiskus ficht ihn von der Wand
eröffnet „Friedrich ohne Ende": Steuern
scheuern Fritzens Jugendzimmer.
Aurora geht im Marmor-Spiegelsaal
jetzt wieder auf wie Hefeweizen
kristallklar lüstern der Noch-nicht-Monarch:
Ich werde sein nicht weniger
als der der sagte „Je suis Sonne satt."
Stieg auf den Thron und machte Krieg.

Friedenau

Herein. Und jedes Zimmer spricht mit dir
in einem Brief der Hausherrin persönlich
führt dich in sich herum. So ungewöhnlich
beraten hast du nie gewohnt wie hier.

Drei Fragen stellen hinter dieser Tür
wär Bären nach Berlin oder so ähnlich.
Das dickste Wohnproblem wird unansehnlich
wenn überall die Lösung liegt dafür.

Na denn. Mein Friedenau du hast mich wieder
ihr schmucken Straßen einer grauen Stadt
die meine Jugend mitgesungen hat

die bunten und die einfarbigen Lieder.
Ich zockel los. Hier werd ich das erleben
was Friedrichshain und Kreuzberg mir nicht geben.

Hotti Kotti
Ode an Kreuzbergs Betonherz

Rohbeton: schattenliniert.
Ich kann nachlesen was die Zeit
dem Stoff erzählt hat.
Unbretter umstehen ihn: Gedankenverschalung
Planken gesunkener Tage ihr Eindruck
auf der fühllosen Haut. Wände
als Tafeln des Menschenrechts: Die meisten
Menschen leben und sterben in Beton fallen
aus den Seiten wildwachsender Bücher.
Seit den venezianischen Ghettomaurern zwang
kein Handwerk Häuser auf die Spannbreite
eines Mannes zusammen ich halte zwei Himmel
ab vom Zusammenfall.

Zwei Erden wachsen an den Köpfen
zusammen in meinem Sprachfermentierer
zwei Langsamkeiten verhandeln hinter
geschlossenen Lidern über mein Blickfeld.
Mädchenbeine halten die Welt
nicht fester als Buchstaben
die nur am Körper eines Worts leben
mir in die Quere kommen (andere nennen
es Sinn) mein Fadenkreuz foolen
mit Auftritten wie von Nummerngirls

mit schaukelnden Hintersinnen
für die sich übereilenden Schlüsse der Schrift.
Vorbei die Mädchen. Die Zeiten als deren
Augenumlaufbahn und meine Aufmerksamkeit
noch die Gravitation eines Willens verband:
Vereinsamung zu verlangsamen.
Wann war das? Die Zeiten als diese Zeilen
aus Beton zwischen großväterlichen Blöcken
des Wohnsinns getauscht werden konnten
als Kreuzberg jung war und ein Gedicht
einen Betrachter junger Mädchen noch respektvoll
umschlich sich zum Verfasst werden hinter
den vordringlichen Formen stumm anstellte.

Unicafeteria. Fensterplatz

Der Regen ist gutmütig. Seine Tropfen
springen auf den Tischen (bei Trockenheit
sprängen die Spatzen). Die Pfütze
streckt sich unter dem Schirm sie mag
seine großzügige Art sie nass zu machen
sie das zu machen was sie ist: Wasser.
Die Hecke muss lachen
als ich ihren Schatten in Zweifel ziehe
Jahrzehnte wirft sie ihn weiß
wie das geht muss sich
keinem Zaungast erklären.
Ein Humboldt stört die Menschenleere
(von hinten nicht aufzuklären welcher).
Rein ins Trockene will er nicht seinen Schirm
hat er vergessen so viel Dummheit
sieht gewaschen noch vertrottelter aus.
Geh weiter kluger Mann lass die
Erinnerung der Lebenden in Ruhe
mit deiner Geistesgegenwart. Hat
eine elegante Bediente doch jetzt
die Stirn unterm Schirm
zu sitzen zu rauchen
mit rechts mit links
einen Heftroman umzublättern bis zur Rente
sinds davon keine hundert mehr.

Leipzig bei Nacht

Meine Schritte auf den glatten
vom Vereisen brauner Schmiere
grau gealterten Steinplatten
des bergauf gebahnten Gehwegs
gleiten mit (das macht mich rasend
nicht die Fehltritte als solche)
unpersönlich sichrer Gleichheit
an dem kalten Stadtplan ab.
Fehler machen und sind menschlich.
Aber eine Fehlerkette
makellos gemachter Pleiten
Untergänge rechter Winkel
eingehakt im Ellenbogen
eines der nur gehen wollte?

P.S.
Maximaler Schaden: Scheitern
zwingt ihn zu Erlebnislyrik.

Die Buchgremplerin
Eine Chronique Sandaleuse

Treffen sich zwei Wörter. Sagt das eine: Geh
aus meinem Satz. Du Buchstabengrab ich bin
dein Satz sagt das andere und du bist meiner. Zusammen
sagen wir etwas über die Welt. Allein sind wir nur Ideen.
Dann bleib sagt das eine und wo sich zwei treffen
reisen bald schon aus den vier Winden Wörter
aller herrenlos freien Sprachen durch buchen
Gespräche als Nachtquartiere tarnen die Kreuzung
ihrer Zusammenkunft mit einem Zahlwort auf „Leip" –
zweierlei was sie nicht sind. Draus entstehen Körper
als schwitzende Neider zunächst des wörtlichen Wohlergehens
und bald schon selbst mit Allerlei wohlgenährt. Fettdruck
schwarz von beweglichen Lettern im Kasten schafft Frieden
zwischen Gastwörtern und Wirtskörpern geschlossen per
Händedruck
über Verkäufen gepressten Papiers Wortaufläufen unter Deckeln
die Buchmesse ist das Ehbett von Fleisch und Geist.

Wörter verbinden mit List sich dann auch um
Leibsfüße sagen „Sandale" zu sich und „Geh in Frieden"
zum Inhalt dem Fuß. Frieden durch Handel klappert
und klappt Jahrhunderte lang neben Krieg Disputationen
statt Kirchenspaltungen Thomaschöre statt ungläubigem
Gotteskrieg Trinklieder statt theoriegrauem „Habe nun ach"
klingen durch die aus- und einladend Unterkellerte.

Auch Napoleon empfängt man mit Flohwitzen
auf dem Hinweg. Doch Ach! und Hab-nu-bald-nischt-mehr!
auf dem Rückweg wird man zum Treffen der Körper
der Männer der Völker beschuht nu mit Schweigensleder
in Fettwichs fest um verschwitzte Haxen gestulpt –
zerrissen die Bänder der Wörter. Jesuanisches Waterloo.
Körper sollen noch dröhnen in Schweins- und Drachenpanzern
aber in gespaltenem Land selbst werden Bücher gehandelt
springen die Wörter frei über Mauern und Maulwehre.

Erdgeists Stiefenkel

Vier Uhr morgens auf dem Baseler Platz

Guter Mann was bist du worden
eine Sandkatz wieder wie in Kinderkästen?
Tief gelegt in alte Erden fein gemahlen
von präkambrisch schief gelaufener Drift
sitzt du geschaufelt und gekörnt und
guckst gekonnt und auswendig gelernt
in eine Nabe grunderwachsenen Grases.
Hacken zählst du. Einzeln unter Wegs geschubst
von Suchern eines Rasenmäher-Gleichschritts:
Kultur erzwingend Macht gedungene Pirsch.
Ruderer des Stillstands siehst in der Versenkung
du des Plattniveaus profundesten Gehalt.
Gestalt? Recht vier der Beinmillionen kleinster
Teiler um dich hier wo Erde bricht vor
Kreatur bezogener Übelkeit und Massenschwindel.
Doch bleibst du Mensch ob Förmchen du einstmals
ob die Gedanken nun du bäckst du füllst
mit dem was schneller rinnt als Staub zu dem
es endlich endzeitlich noch schnell zerfällt: Der Sand
ist deine Profession dein Fach dein Kasten.
Mag auch Natur ihn blassgrün überhasten
du gleichst dem Gneis den sie zerstößt – nicht ihr!

153

Stadt in der Nähe (Meine Ex)

An Abenden im Immerlicht
geht die Stadt an
meiner Leine aus den Türen
so viel Zimmerschlaf in den Steintrauben.

Abwesend fallen Menschen auf
den Acker der Nacht
finden im Fotowald jeder
ein Portemonnaie aus Hirschleder.

Wenn ich ziehe spannt die Straße
ihre Lippen zum Kusswunsch
die illuminierte Kreuzung
antwortet mit einem Zittern.

Das Leben hält an. Macht
einen Haufen Zufriedenheit
unter die Aufklärungslaterne. Latrine
Klärwerk

Wasserhahn

Rauschen.

Beifällig.

Epiphanie

In jungen Jahren manchmal
wenn die Welt bereit ist abends
um halb neun im Sommer
auf einem eleganten Platz
die sich Sammelnden Dinge geschafft haben
eine Würde sich zeigt. Tauben
twittern das Leben sei schön
man hats bloß noch nicht gemerkt bis

jetzt wenn die Abstände zwischen allen stimmen

wörtliche Bedeutung von einer Haut
entziffert wird bis die Berührung stattfindet
endlich keine Figur mehr Geschichten
im Weg steht die von ihr handeln
wollen. Der Berechtigung von Dingen
schön zu sein dem Abglanz
auf Geschehnissen um solche Dinge
in den Erzählungen einer jungen Nacht.

Kreuzung in Offenbach

„Deutsche Bank". Das Haus entschuldigt sich
für den Besetzer. Steine aus einem stillen Bruch
in Thessalien speichern Sonne
per Kameraüberwachung für den Sommer.
Wenn die Luft ein großes Gefühl
in zwei Menschen vorbei trägt spielen
die Wände es nach streichelt Sonne
steinalte Kleider des Paars.
Ein Zwinkern ist der Dezember
eine Anspielung auf kalte Kaiserthermen.
Die bei den Eingesessenen verschriene Stadt ist
ein Missverständnis aufgeklärt von Fremden.
Vor zweihundert Jahren schickten sie ihren Gesprächen
am Eingang des Parks Nadelbäume voraus
Tarnhölzer eines Saturnals das die Vögel schon
mit der Sonne des nächsten Sommers feiern.

Weg in die Stadt

Müde an einer ungepflegten Zaunhecke vorbei
gehen konspirieren mit freiem Wuchs die Farben
mitnehmen sie unter Rückständen eines Schauers
wecken mit den Augen wischen von zu vielen
Blättern als der Kopf mitzählen könnte Atem
des frühen Novembers in Jackentaschen füllen
und gähnen mehr brauchts nicht danke.

Und dann die baumlosen Straßen. Passanten
die kaufen werden ihr Wille meine Erinnerung
da kommt die Stadt. Hallo sagen falls hallo
gesagt wird. Erste Läden ziehen die Spur
im Kopf nach: Einkaufen. Was wollte ich hier?
Die Querstraße mit ihrem Kaufhaus antworten
hören aufgeräumt. Hellwach. Im Vorteil.

Stadtrand

Wo die Maschen der Straßen weiter
die Häuser kleiner werden wächst das Grau
der Nachmittage ins Gartengrau
rollen die Geräuschwellen flacher
gebrochen an gezackter Entfernung leicht
geworden über den Stimmen von gestern.
Menschen sind zusammengerannt warum
noch schnell ein Leben wurde das
du warst dabei heißt es im Nachruf
müde gekämpft in Fußgängerzonen
an unstrittigen Themen entzündet lebensgefährlich
gesunde Verhältnisse schließen die Bücher.
Auf den ersten Blick hat das Blatt
auf der Terrasse die Form von Cannabis Indica
Tautropfen funkeln darauf wie Crystal Meth
in der Sonne. Die zieht sie sich rein
deine Morgendroge schon weg der Glanz und
schon klar: keine Zacken am Blattrand.

Vorstadtkacke

Wie Ratten einen *bad taste* – Lernversuch
lässt uns IKEA seinen „Rundgang" machen.
Wer hat zehntausend einfallslose Sachen
hierher geräumt? Das Auge wird zum Fluch.

Erpresserpreise stehn im Einkaufsbuch
des Billigheimers. Mit dem zwanzigfachen
Verkaufspreis lässt er die Profite krachen.
Klar steuerfrei. Per Firmensitzbetrug.

Und rotzt das Zeug in jedes Spießerhaus
das nicht mehr weiß obs nicht der Nachbar ist
sehn alle wie die „Rundgang"-Kojen aus.

Wenn Deutschland über Nacht den ganzen Mist
aus seiner Vorstadtseele kacken könnte
stünd nix mehr da als nackte Außenwände.

Drei Kiefern
standen im Hof

Sie machen Dreck
Sie machen Probleme:
Die Platten gehen kaputt.
Sie machen Arbeit
Sie machen dunkel
Sie ziehen die Tauben an.

Tauben machen Dreck
Tauben machen Probleme:
Scheiß auf die Platten.
Tauben machen Arbeit
Tauben machen Krach
Man wacht morgens auf

Und sieht den Dreck
Und sieht die Probleme:
kaputte Platten.
Und hat die Arbeit
Und hat den Krach
Man lebt auf der Baustelle.

Man macht Dreck
Man macht Probleme:
Der Samstag geht kaputt.
Man macht sich Arbeit
Man kracht sich
Man wirft die Säge an.

Die macht Dreck
Die macht Probleme:
Die Platten gehen kaputt
beim Aufprall der Stämme.
Das macht Arbeit
aber keinen Sinn.

Man hat gemacht
drei Löcher in den Himmel

statt die Erde frei
von dreißig Platten.

Aufstand der Undinge

Wo ist sie? Noch in der Frage behauptet
die unsichtbare Brille ihr räumliches Dasein.
Der Fuß findet sie
noch im Eintreten
des Schadensfalls bestätigt darin. Wer
eine Brille reparieren will braucht die nächste
so leicht machte die Evolution Säugern
ihre Vermehrung nie. Höchste Zeit
dass die nachlassenden Kräfte gegen ihre Substitution
durch die Statik in Stückzahlen marschierender Dinge

aufstehen: Verlieren als ein anderes Finden
die höflichere Art zu siegen begreifen.

Beizeiten das Sichere verlerne wer
nicht als positives Wissen in seinem Kopf
enden will. In Staub mit allen Feinden
meinte nicht in Beutel gefüllt alles getrennt
von sich in Deponien zu wähnen was nervt. Sauger
der Staubsauger werde die Endmaschine
der Dialektik synthetische Aufhebung kriechend
aufgehobener Mikrowidersprüche
gegen das Ganzkörpermobiliar in den Mieträumen.

Deutsche Einladung im Süden

Der kleine Hund auf dem Sofa spielt
die schöne Filmschauspielerin die schweigt
weil ihr unbezahlter Geist das Gerede am Set
annullieren würde. Oliven
sterben in der Schale für eine Stunde Leben
Verzicht auf Dosierung in Öl
gemalte Haltbarkeit. Weine stehen
wie Hähne auf dem Tischtuch des Hauses
erwarten Startschüsse von Menschenhand
Korkenziehergnaden. Können sich weder schenken
noch getrunken den feindselig Schenkenden
den Frieden einer gemeinsamen Mahlzeit ersparen.

Änderungen. Erster Teil

Zuerst sind die Wolken anders
dann wird die Welt erschaffen
aber im Kinderzimmer der Winde
musst du gewesen sein dann
spielst du anders auf den Tasten
der Anblicke kein Sturm
kein „Desktop aufräumen" bringt
die Formen wieder
in Vergessenheit: Das Dreieck. Klein
eigentlich für einen Platz im Himmel
und ohne Spur einer Entstehung
verwandt mit Zahlen in uralten
Luftfamilien. Die Unterschrift. Schmerz
des genialen Malers den die Kunstgeschichte
auslieẞ von Ruisdael
über Courbet bis Nolde vertröstete sie
uns auf die Wolke heute beginnt
die Lücke zu bleiben. Die Leinwand.
Großeinfall des Kurators hier unten
stehen eben auch Maler und gucken
das inspiriert sie mehr als die neueste
Fertigklappe aufs Auge der Salbenverband
gegen den Nackenschmerz. Die Wolken
sah ein Míro ein Naco Fabré
aus Palma streckte sich aus deinem Dach-
fenster und malte dir eine Wohnung.

Introitus interruptus

Ein Golfplatz macht eine Landschaft
so erzählbar Flächen
auf denen sich Erinnerungen abstellen lassen.
Dann leben. Nicht wie die Götter alles mitschleppen
durch Jahrtausende angefasst von Schokoladen-
fingern im Versteck zwischen Kinderbuchseiten
aus Alexandria in Schlachten gehetzt
für die Namen stinkender Schafhirten-
dörfer in Gedächtnissen verloren
Gras umzäunt zu Menschenabteilen.
Sondern. Dreifingrig heraus greifen. Nach
besonnener Wahl einzig vor dem Auge
der Welt im Kopf den Ball
gelten lassen für den anberaumten Moment.
Wie der Alte sich zu dem Schlag
in seine Erwartung bückt zu verfehlen
sieht der Junge mit einem Ekel
der in zehn Jahren sein Gefühl sein wird.
Dazu gehören zwei Damen zwei Pinien
und eine Schneise die in Briefkasten-
entfernung abbiegt in die Ferne das Inhalts-
verzeichnis der nächsten drei Abschläge
auf den Geschichtsverbrauch.

Eine Frau die weint und ein Bild malt

Ikone. Palästina
6. Jahrhundert

Tanz der Farben auf den Straßen
Indienfahrer verticken sie an die Maler.
Klöster bezahlen dafür: die Stunde
zwischen dem Katakombenschwarz
und den Hammerschlägen auf Bilder.
Farben erlesen: uraltes Wissen
gefallen auf Borten und Säume
der Himmelskrone wie Brot vom Mund
des im Genuss eingeschlafenen Zechers.
Die Frage muss erlaubt sein: Wie kommt
die Frau in die Bildmitte. Am Anfang
war der Sohn. Nach ihm heißt der Glaube.
Ich sagt die Schönheit stelle mich
in die Mitte mich sieh
dann ehre was du nicht siehst.
Aus dem Kleidermeer tauchen Hände auf
Delphine einer anderen Tiefe
greifen in eine Welt die nur zeigt
nicht erscheint. Euer Leben ist Tanz
steht auf den Fischen in der Luft. Bleibt
ungemalt!

St Aegidius. England
13. Jahrhundert

Ein Buch ist ein Block
Textblock aus Blockwörtern.
Wort behauen bleibt Wort
nur ungeschliffen. Bleibt was
Bedeutungen spaltet
Gewicht an Gehalten.
Eisen stumpft
im Block aus Leben.

Ein Lamm lehnt sich
an Stämme Menschen.
Ungebraucht legt es
seine Ohren zurück
ins Fell. Größer
als ein Buch steht es
von selbst. Auf Beinen
geht vorsichtig ein Leben.

Ein Heiliger reicht
vom Geist zum Fleisch.
Linke Hand am Buch
rechte an der Schnauze
eines Tiers. Hat selbst
eine Schnauze
zeigt grinsend seinen Trotz
den Anbetern.

Glasvase. Granada
14. Jahrhundert

In der Akademie des Kalifen
hingen alle Stadtpläne von Granada
über Cordoba Karthago Rom Alexandria
Tyrus Damaskus Persepolis rückwärts
bis Babylon. Nur die Zeit
wusste der Weise findet
in den Straßen der Armut den Palästen
aus Gängen für das Gute das Böse
Labyrinthen gebaut aus Eitelkeit
Planlosigkeit oder Platzmangel
einst wenn die Welt voll das Glas
ihrer ungeschaffenen Zeit leer ist
die Schrift
die wir atmen werden
als Wesen die Atem aus Worten
zu dieser Welt rief
im Anfang.
Lernen ließ der Kalif
den Maler die Pläne. Ins Unreine
auf ein Glas schreiben in der Sprache
der Menschenwege das
was niemand lernen und doch jeder wissen wird.
Weil aber das Reine noch nicht da war ließ
der Weise ein Rundglas blasen. Lief
man an einem Fehler vorbei stand rückwärts
gelesen dahinter geschrieben: Wir sind fehlerhaft.

Apostel. Köln
14. Jahrhundert

So wenig auch der vollste Bart
in Strudeln fließt wie auch der Bach
vom Berg nur eine Woche nach
der Schmelze voll bis an den Fall
tanzend noch im Fallen
Wasserwirbel

So wenig auch der höchste Gedanke
die Stirn aus der er steigt in Wolken treibt
als Wind in Schafen als Hirtenhund
das Faltengebirge des Schädels hinauf
als wüchse oberhalb von Augen nichts mehr
als Rauch als Geist

So wenig Holz mehr dieses
Bild ist (so wenig aber auch
durch Feinschliff erzielte Tautologie
Seht her dieses machte
ein Großesmacher)
So wenig ist hier Sehen

mehr Gegenteil von Glauben.

Momente verändern

Der Busch im verstaatlichten Klostergarten
duftet mit freundlicher Genehmigung.
An der Ikonostase dem hl. Comicstrip
geht der alte Herr nicht ohne Kreuzzeichen vorbei
was denkt er jetzt? Er sieht froh aus
trotz der schicken Klamotten dem Gehorsam
sie zu tragen. Eine angenehme Erscheinung
wird auch in einer staatlichen Klosterkirche
erlaubt (wie das Sitzen in einer Bar
nachdem sie geschlossen hat wenn es an mir
nicht gefehlt hätte sie offen zu halten).
Da bemerke ich auf der Empore Vignetten
von Retabelgröße in vollkommener Abstraktion
aus dem siebzehnten Jahrhundert NICHTS IST NEU.
Hört auf es auszurufen die Vorwärtsgänger
haben sich nie allein gefühlt gehen wir also.
Pathetische Rückseite einer Bewegung
zu der es keine Aufforderung braucht. Veränderung
fängt bei mir selbst an wenn ich nicht sitze
sondern die Perspektive des nächsten Häuserblocks
einnehme. Dem ich mich dazu nähere.

Barock Me Roma

Das Gebell der Möwen staut den Tiber
die Schmerzader der Nacht pumpt Placken
von Unerlöstsein ans Ufer. Über die Dächer
breiten sich irre Schreie zerfallen zu Rudeln
baumelnder Flughunde fahren am Boden
in stiergroße Katzen die Rückübersetzerinnen
ins Werwölfische. Alle in einer Not
eint sie die Klage der Allnatur: keine Menschen
zu sein.

Abhelfen die abgewichenen Päpste
erfinden den Humanismus. Und jagen
kaum ist Sankt Peters Gewitter die Mauer
des Vatikanpalasts runter gerollt
in die Stadt bauen Brücken pontifices practicantes
setzen Brunnen auf Schalen der Thermen und
Nymphäen auf Plätze wie den langen Kaiserzirkus:
Alle Flüsse werden Menschen lümmeln
zu Obeliskenfüßen im steingebackenen Mittag.
Still halten die Möwen ihre Segel
in die Windwende umkriechen das Lustgleichgewicht
an unhörbaren Luftwänden Menetekel
des Abends der kommt im Grollen der Trattorien
mit bösem Zwinkern zur Nacht.

Die weckt wieder die Möwen Cäsaren
die sich betrogen fühlen nicht vollenden
konnten. Die niemals enden die

zu ungewesenen Anfängen was schon war
an kalten Zeigerachsen ins Nichts zurück
drehen wollten. Aus bösem Willen formen
Schreie den Morgenteig: Mensch werde!
Ein abgebrochenes „wesentlich" fällt aus der Uhr
in den Fluss Überlaufzeichen zum
shitstorm auf die vor dem Spiegel den Hahn
aufdrehende reinigungsbereite Stadt. Rauskotzt
Caravaggio der immer Ungewaschenste
meistgesucht vor dem Wenigsten Halt machende
Farbentotschläger. Frühstück mit dem und
er hat deinen Durst geklaut. Schlag seine Kladde
auf und er trinkt deine Stadt in ein Organ
aus Saugbütten. Schlägts zu verschmiert
die Tore mit Pech und vierzig mal dreißig
posiert auf dem Wappen dein Glas mit
dem Abdruck roter Lippen. Die lachen
dich aus im Hurenfalsett der Liebsten
gepresst aus ihr mit den Feierabendfingern
des faulsten Malers dem alles gelingt.
Dem Reni ist nur sein Leben zu kurz darum
jagt er von einem Anfang zum nächsten bis
zum Ende der Bemühung nur: das Fertige.

Die Farben deiner Träume suchst du
am Ausgang zum Tag da hängen sie
in den Schnäbeln von Möwen verschleppt
verlacht von anderen arbeitsfreien Möwen
über Dächern die liegen bleiben in ihrer Sehnsucht
danach abgedeckt zu werden von Sylphen.

Nur noch über die Dächer reiste Nero als er alle
Straßen Roms kannte. Tavernen eröffneten da Puffs
Poetry Slams für den Senator-Card Lesereisenden
Herbergen des Himmels mit nur einem Doppelzimmer
für Nero und seinen Stimmtrainer (die schwarze Möwe).

Aus solchen Himmeln geflohen trifft sich
die Engeljugend der Provinzen auf der Brücke
am Vatikanhügel. Mitgebracht haben sie
den Römern worum die ab drei Uhr beten
einen Wind. Der wellt ihre Steinkleider wie sein großer
Bruder das Weltmeer: aus unerforschlichem Mund.
Da werden sie an ihre Schönheit erinnert
sagen nichts mehr und pumpen stilles Blut
durch die Stunde wenn ihnen vergeben wird
schauen sich neugierig um wem sie danken können
finden nur den Erlöser würdig des „Veni Amor".
Überall ist nun Piazza dell'Arte. Frauen
finden etwas Schönes ehe sie es suchen.
Borromini wird nach Geburten bezahlt.
Bernini erhält ein Fixum dafür Bernini
zu sein. Die Erde bricht aus in Brunnen
die es nie gab um die trunkenen Freunde
der Bildhauer abzuwerben aus deren Träumen
ins Leben das sich vergisst: mit dem Stein tanzt.

So vom Vatikan runter. Und rauf zum Palatin.
Mit Anlauf über die Rennbahn des circus maximus
den Aventin hoch bis zur Villa der Himmelsberge.
Sieben Hügel und mindestens eine Achterbahn

der Lebenlassensfreude bis zur Endstation
San Giovanni in Laterano. Die Westfassade.
Alessandro Galileis strenger Schlusspunkt der Epoche mit
auf dem Dach: den lockersten Typen der Religionsgeschichte
Aposteln im Karnevals-Gardeschritt und mittendrin
Christus sein Kreuz im Bodybuilderarm von
der Totenreise heim bringend rumzeigend stolzgechillt
streckt die Hand aus (schlag ein wenn du da rauf willst)
ein Lockenhaupt zum Vergehen letzter Ängste
gesenkt den Freunden auf allen Schiffen ein Lächeln
geschenkt der Johnny Depp des untoten Hollywood-Barock
Oberpirat der sieben Privatmeere. Ihrer Toteninseln.

Kunstwert.
Ein Nachkrieg.

Sein CARE Paket
aß der Student in den Trümmern
der Akademie

Wir sind wieder wer
dachte der gemalte Schaum
auf der Fresswelle

Die Kunst ist tot
erste Zielvereinbarung
mit den Hungernden

Stecken Sie die Kunst
in den Schlitz – Pause – Sie haben
kein Guthaben

Lord-Canvas-Brief

Raum Einsamkeit. Ich lasse Sie mit Gott
was außer Ihnen existiert vermessen.
Messfehler werden automatisch Ich -
was außer Fehlern werden Sie vermissen?

Raum Weltzerfall. Sie merken sich naiv
ein Foto aus dem Quattrocento.
Jetzt merken Sie: Kein Bild hat was Sie sind
je dargestellt. Nichts merkt sich Sie.

Raum Bewusstsein. Was sich tut
hat Sie bereits mitgedacht.
Investieren Sie in Stoff
sparen Sie sich.

                              Ihre Kunst.

Walter Dahn
Mann mit Herz (1988)

Du musst nicht über
das Einfache hinaus
wollen wollen
ist abprallen von irgendwas
willenlos Vollständigem.
Ein Ornament aus Kringeln
im Herzen getragen als Tasche
ist Einkaufsglück jeder sieht
den Sinn fürs Wesentliche im Regal stehen
und dass einer dran war. Die Welt
nicht vierundzwanzig Stunden auf hat
und keiner kauft. Klare Rechnung
dass sich darüber kein Kopf
ein Gesicht macht aus plan Schwarz
Individualität vor flunkert. Herzen
und noch drei Themen
mehr drin ist selten. Michael Rother
hat „Flammende Herzen" unsterblich gemacht
mit Musik die einen Titel hatte und
sonst nichts. Einfach Kringel
das ist es schon.

James Turrell
Twilight Arch (1991)

Der du diesen Raum betrittst du
warst souverän
bleibst draußen
betreten
von der Erwägung des Raums
dich zu beinhalten.

Ihn durchmessen
unmöglich
was immer du glaubst zu sehen
liegt jenseits.

Zwei Mal Glück fließt golden
von Seiten („Wänden")
Demut. Freundlichkeit.
Es scheint dich wieder zu geben.

Ankommen bei der Farbe
an ihrem Tresen stehen.
Ende der Reise
sagst du ins Dunkel.

Dann erzählt die Farbe
deine Geschichte sie beinhaltet
nichts was du wusstest.
Sehe ich eine Wand (einen Raum)?
Sehen ja.
Glauben nein.

Marlene Dumas
Trying to make a Magdalena (1995)

Noch habe ich mich nicht davor gestellt
da duzen mich Blicke schon Ausnahme
Erscheinung im Normalitätenkabinett Bang!
ein Mensch. Ein Bild: die Folge. Begegnungen
Universen Entstehungstheorien
:Nebenfolgen. Ein Mund als Fall eines Kusses
in die Einsamkeit öffnet sich sagt
den wichtigsten Satz im Leben der Person
das Lippenrund löst sich vom Sinn
rotiert zu den Sternen im Auge
und aufgehen leuchten will alles
aufsehen zu dem Propellerraumschiff mit dem
die Erinnerung an einen Kuss die Welt verlässt.
Viel kleiner der Körper aber einer
der seinen Wert kennt: weichgepinselt
die Nacktheit der Brüste Verpackung
aus Anfassbarkeit. Display – Play.
Der Unterleib hat geöffnet in Herzform
die Lustdurchreiche. Das Glück bedient.
Noch Beine wie Abstriche
von Buchstaben (warum zwei?). Nein
dieser Mensch ist Kopf. Wie ein Mond
ein Luftballon eine Welt eine Frau
die weint und ein Bild malt ihren Freund
mit dem sie über sich lachen kann.

Luc Tuymans
Shower (2000)

Weiß parken am Graustraßenrand.
Augen auf die Parkbank
Farbe inhaliert sich ausgeruht tiefer.
Über Konturen weg weiße
Traumländer wechseln. Weiß
und wahr ist der Duschvorhang auch
wenn an seiner dünnsten Stelle das Bild
mit dem Finger auf mich zeigt. Mein Gehirn
lutscht ihn ab it's baby time.

Durch Staub wehen Tonfigurinen
zum Personaleingang in die Kunst
Protz am Katzentisch Tonkaiser Fußballheroen
Puttenteile eine Krabbe
kratzt sich am Arsch eine Geige
lockt mit dem Hexenhals eine Landzunge
eine Haarnadelkurve umstellt sich
mit Lockenwicklern Geschichte
die Universalberümpelung.

Entlaufen in die Atmosphäre
einer Farbe. Flächen sind
die besseren Planeten ihr Zirkus
zeigt Farbdressuren.

Künste von morgen

Zur Zähmung einer ländlichen Dunkelheit
pflanze Buchen in deine Straße mehr
sage ich nicht. Goldbarren werden eintreffen
der FedEx Bote kriegt das Paket
kaum auf die Sackkarre teert sich einen Weg
aus Nachtkonzentrat durch das Viertel.
Eine Ecke bricht aus einem Eckhaus und verschwindet
im Maul der Konditoreibesucherin
mit Schokoladengeschmack an der ein Brunnen leckt
und lachen muss über geschmacklose Hunde
die Wasser vom Platz wischen.
Die Chinesin geht leichtfüßig während der Lack
in dem sie gebadet hat fest wird
dann geht sie auf ein Bild zu das sie
von sich gesehen hat und wird zu diesem Bild.
Der FedEx Bote wird von einer Gruppe
von Zauberern für ein Event gebucht sie wollen
von ihm lernen wie man Fertigkeiten wieder verlernt
leihen ihm eine kopfgroße Muranoglaskugel mit der
soll er verlernen wie man Kugeln auf Köpfen balanciert
wobei nicht ausgemacht wurde auf welchem Kopf die Kunst
„vor den Augen der Unterzeichneten" (deren Köpfe
es also nicht sind) verlernt wird und wo in dem Dunkel
der genaue Erfüllungsort des Vertrags liegt. Optisch
nirgendwo wie eine Insiderin des Dunkelprojekts
auf Buchenrinde kalligrafisch durchsticht.

Gebrauchsanleitung

Mit diesen Gedichten machst du nichts falsch.
Sie geben dir was du von ihnen willst:
Enttäuschung wenn du andere wolltest
Ratlosigkeit in Verhören (Sag was Gedicht!)
Arbeit wenn du sie analysieren möchtest
Bestätigung wenn du es besser kannst
Platz für Gedanken die sich beengt fühlen
Luftveränderung (die braucht jeder)
Neue Wünsche wenn du keine mehr hast
Unzufriedenheit mit der Welt
Ruhe vor Gott falls du Atheist bleiben willst
Unterhaltung beim Durchlesen in einem Zug
Bunte Zeitblasen wenn du dich verlieren willst
Nähe-Ersatz in Pandemien und Gefängnissen
Gottesbeweise für Kinder
Trost wenn du Poesie im Alltag vermisst:
Anfangs haben alle in Gedichten gesprochen.
„Das Leben war das Licht der Menschen.“

Inhalt

Die Naht zwischen den Zeiten

Sonne am Bauch eines Wortes

Der Duft einer Haut in Aufregung

Die Maschen des Wassers

Eine Frau die weint und ein Bild malt

Kunstwert. Ein Nachkrieg

Gebrauchsanleitung